ELISA HILTY

ROTKÄPPCHENS S

Für Carla, Luzia und Belinda,
die noch klein sind

VORWORT

Im Rahmen eines Beschäftigungsprogrammes für drogenerfahrene und arbeitslose Jugendliche erzählte ich einmal das Märchen *Der Eisenhans*. Als ich in der Pause allein im Kursraum war, erschien in der Tür einer der jungen Männer, zeigte auf mich und rief aufgebracht: «Weisst du eigentlich, was du da mit diesen Märchen machst? Das bin ich! Das bin genau ich!»
An diesen Vorfall musste ich erneut denken, als mir einige Jahre später ein Student eines Lehrerseminars in Zürich die Frage stellte: *«Welche Märchen eignen sich für die Suchtprävention in der Primarschule?»*
Als ich einige Märchen zum Thema Sucht ausgewählt hatte, wurde mir klar, dass ein Lehrer Einblick in die Märchen-Symbolik braucht, um damit im Unterricht arbeiten zu können. Auch dachte ich an die vielen Eltern, die, ohne zu moralisieren, ihr Kind vor Drogen bewahren möchten.

So entstand die Idee zu diesem Buch.

Drei Wochen später erhielt ich die Einladung, in einer therapeutischen Wohngemeinschaft von ehemaligen Drogenabhängigen Märchen zu erzählen. Es war in den Tagen zwischen Weihnachten und Neujahr. Da die Märchen Anklang fanden, vereinbarten wir weitere «Märchentage». Dabei bat ich die Bewohner, ihr eigenes Lebensschicksal in Beziehung zu den erzählten Märchen zu bringen. Und so teilten sie mir ihre Gefühle und Gedanken dazu mit.
Diese Erfahrungen in der therapeutischen Wohngemeinschaft gaben mir Sicherheit und Mut, auch in Schulklassen ausgewählte Märchen zum Thema Sucht zu erzählen.

Um herauszufinden, ob diese Märchen bei Schülerinnen und Schülern Anklang finden, besuchte ich 26 Klassen der Mittel- und Oberstufe sowie Klassen der Berufsschule. Ich tat dies ohne Entgelt und konnte mir so erlauben, auch Märchen zu erzählen, deren Wirkung ich noch nicht kannte. Auch wollte ich genauer erfahren, wann Kinder Zugang zur Symbolsprache bekommen.

Für Kinder im Vor- und Grundschulalter fand ich das italienische Märchen *Die falsche Grossmutter.* Von den Kindern wird es das *Märchen von der Menschenfresserin* genannt. Die Heldin muss wie Rotkäppchen zur Grossmutter. Dort begegnet das Mädchen aber nicht dem Wolf, sondern der Menschenfresserin. Es wird auch nicht verschlungen, weil es die dunkle Macht erkennt und ihr durch Gewitztheit entkommt. So kann es am Ende der Geschichte der ohnmächtigen Menschenfresserin keck die lange Nase zeigen. Es ist ein anderes Rotkäppchen – vielleicht Rotkäppchens Schwester.

In diesem Buch werden Sie nicht nur «schöne» Märchen finden. Einige werden Sie vielleicht erschrecken, denn Sie begegnen Bildern von Angst und Leiden. Auch werden Sie kein Heilrezept und keine Ratschläge gegen Sucht finden. Ich habe die Märchen, ohne sie verklären zu wollen, mit dem, was ich mit suchtkranken Menschen erlebt habe und was sie mir dabei über ihre Sucht mitteilen konnten, in Verbindung gebracht. Wenn Sie die Märchenbilder mit Ihren persönlichen Gefühlen, Gedanken und Erlebnissen verbinden, werden diese Geschichten für Sie wahr und lebendig.

Mit diesem Buch möchte ich dazu beitragen, suchtkranken Mitmenschen offener und «wertfreier» zu begegnen. Suchtkranke selber finden vielleicht in diesen Märchen Unterstützung in ihrem Bemühen, freie Menschen zu werden. Ich möchte ihnen daher bei ihrem Kampf mit der *Frau Trude*, *Amanojaku*, dem *Teufel*, der *Baba Jaga* oder dem *Berggeist* (die Märchen werden besprochen) Mut und Kraft geben.

Mein herzlicher Dank gilt den Bewohnern der therapeutischen Wohngemeinschaft Neuthal, die in der Winters- und Frühjahrszeit 1992 den Märchen lauschten und mir ihre Erfahrungen und Gedanken dazu mitteilten.

Gefreut haben mich die vielen Dutzend Aufsätze von Schülerinnen und Schülern, in denen sie ihre Meinung über die «suchtpräventive» Märchenstunde mitteilten. Mit ihrem freien Rollenspiel haben sie ausserdem einen wichtigen Beitrag geleistet.
Den vielen Erwachsenen danke ich für die spontane Bereitschaft und Offenheit, die Märchenbilder mit ihrem Alltag in Verbindung zu bringen.

Bordoi, im Herbst 1995 Elisa Hilty Zuegg

---

2 KHM 19. KHM ist die Abkürzung für Kinder- und Hausmärchen der Brüder Grimm.
3 Die Schwester in *Die zwölf Brüder,* KHM 12.
4 Die Schwester in *Die sechs Schwäne,* KHM 49.

nicht von einer devoten Haltung einem «Arbeitgeber» gegenüber. Die «Arbeitgeberin» ist die Stiefmutter, indirekt aber die Schicksalsfrau.

Andere Helden und Heldinnen wandern tage- und wochenlang ohne Ruhepause. Obwohl sie auf dem langen Weg weder schlafen, essen noch trinken, kommen sie wohlbehalten an ihr Ziel. Und wenn die Königstochter in dieser Zeit sieben Paar Schuhe und sieben Kleider[5] zerschlissen hat, sieht sie zwar aus wie eine Bettlerin, aber sobald sie das Mondkleid anzieht, ist sie so schön wie zuvor, ja, noch viel schöner.
Diese Märchenfiguren sind nicht abenteuersüchtig, denn ihr Tun symbolisiert Wachheit und Beharrlichkeit in bezug auf eine momentane Lebensaufgabe.

Manchmal wird auch Gift gebraut, wie im Märchen *Das Rätsel*[6]: Die Hexe bietet dem Königssohn einen Gifttrunk an, aber die Hexentochter hat ihn zuvor gewarnt, und so trifft der Tod nur sein Pferd. Von diesem wiederum frisst ein Rabe, der tote Rabe wird von zwölf Räubern in der Suppe gekocht und gegessen, und auch sie müssen sterben.
Im schottischen Märchen *Goldbaum und Silberbaum*[7] möchte die Mutter Silberbaum ihre Tochter Goldbaum mit einem Trank vergiften. Es fügt sich aber, dass die Mutter den ersten Schluck selber trinken muss. So geht sie, durch die Wachsamkeit und Klugheit der Tochter, an ihrem eigenen Gift zugrunde.

Suchtmittel an sich kommen im Märchen nicht vor. Die einzige mir bis jetzt bekannte Ausnahme ist das sehr poetische Märchen *Der Haschischraucher*[8]. Als ich dieses Märchen in einer Gruppe drogenerfahrener junger Frauen und Männer erzählte, wollten sie mir

---

5 *Das Borstenkind*, Märchen aus Siebenbürgen, Fischer TB Sonne, Mond und Sterne.
6 KHM 22.
7 Schottische Volksmärchen, Diederichs Verlag, 1965.
8 Märchen vom Dache der Welt, Diederichs Verlag, 1986.

nicht glauben, dass diese Geschichte in einem Märchenbuch geschrieben steht.

IN DER MACHT DES DÄMONS

Ist ein Mensch süchtig, wird sein Verhalten von seiner Sucht bestimmt. Die Befriedigung der Sucht ist der Massstab geworden für die Beziehungen zu den Mitmenschen, für den Tagesablauf, für die Gedanken und Gefühle. Der Dämon hat Macht bekommen.
Silkes Tag war auf die Minute verplant. Gymnastik, Schule, Ballett, Hausaufgaben. In allem musste sie die Beste sein. Geriet ihr Programm durcheinander, drehte Silke durch. Sie verschanzte sich in ihrer selbstgebauten Regelwelt, die sie vor Unsicherheiten schützen sollte, aber zunehmend beherrschte. «Ich habe diesen Zustand gehasst. Ich sah genau, wieviel ich verpasste, aber ich fand den Anschluss ans Leben nicht wieder.»[9]
Die Schilderung von Silke macht deutlich, dass der Zwang von innen kommt. Der «Dämon» in ihr stellt dabei die Regeln auf.
Volksmärchen berichten nicht von einer Droge oder von Magersucht, sondern sie erzählen in symbolischen Bildern vom entsprechenden inneren Geschehen, von Angst, von Besessenheit, von Gier und Abhängigkeit. Sie erzählen von einer Macht, die stärker ist als der eigene Wille, stärker als die Selbstachtung, und die schliesslich die Entwicklung der Persönlichkeit hemmt. Dieses innere Geschehen ist durch Figuren und Handlungen symbolisch dargestellt.
In den folgenden Märchen finden wir dämonische Figuren, welche für die Macht der Sucht stehen: *Die Menschenfresserin* und *Frau Trude*, der *Teufel* und *Amanojaku*, der *Berggeist* und die *Baba Jaga*. Manchmal erliegen die Heldinnen und Helden der zerstörerischen Macht, andere aber bleiben von ihr verschont, weil sie wachsam sind und sich klug verhalten.

9 Tages Anzeiger Magazin Nr. 46, 13./14.11.1992.

DAS MÄRCHEN WIRD ZUR EIGENEN GESCHICHTE

Die Gründe, die zur Suchtkrankheit führen, bleiben oft verborgen, denn sie sind ein «geheimes» und komplexes Geflecht von psychischen, familiären und sozialen Einflüssen.
Ebenso sind im Märchen alle diese Ebenen miteinander verflochten. Wir können es als innerpsychisches, zwischenmenschliches und menschheitsgeschichtliches Geschehen betrachten. Durch seine Symbolhaltigkeit sind so verschiedene Interpretationen möglich. Auch deshalb wirken die Märchenbilder anregend.

Im Märchen erfahren wir meistens wenig oder nichts von der Vorgeschichte der Hauptfigur. Deshalb kann das Märchen oft zur eigenen Geschichte werden und Betroffenheit auslösen. Und weil die meisten Märchen nicht nur von Zerstörung und Verführung, sondern auch von der Erlösung erzählen, kommen wir mit heilenden Kräften in Verbindung.

VERTRAUEN INS LEBEN – DURCH MÄRCHEN

Wir alle erleben Zeiten, wo die Selbstachtung schwindet, die Sehnsucht nach einem erfüllten Leben stark wird, die Kraft für die Auseinandersetzung mit den unangenehmen Dingen im Leben fehlt. In solchen Zeiten suchen wir vielleicht einen neuen Weg und hoffen auf Erlösung von seelischer Not. Auf dieser Suche begegnen die einen vielleicht der «weisen Frau», andere geraten hingegen in die Macht des «Dämons». Sie konsumieren z.B. Suchtmittel und werden davon abhängig, weil diese ihnen vermeintlich rasche Beruhigung und/oder Glücksgefühle verschaffen können.
Auch in vielen Märchen gerät die Hauptfigur in die Macht des «Dämons». Weil sie aber wachsam ist und sich klug verhält, manchmal auch von den Tieren oder einer weisen Frau Hilfe bekommt, überlistet und überwindet sie die böse und zerstörerische Macht. So rettet auch Gretel in *Hänsel und Gretel* ihr eigenes und ihres Bruders Leben durch umsichtiges und beherztes Handeln.

Beim Zuhören solcher Geschichten lernt das kleine Kind, wenn es sich in den Armen der Mutter oder bei den Grosseltern und im Kindergarten geborgen fühlt, Angst und Unsicherheit auszuhalten. Es bekommt mit den symbolischen Bildern eine noch unbewusst wahrgenommene Botschaft mit auf den Lebensweg: «Auch wenn es einmal schwer und gefährlich wird für mich, gibt es einen Weg zur Erlösung.» Das stärkt und gibt Vertrauen ins Leben.

Märchen lösen zuweilen auch tiefere Angst aus. Diese Angst kann verschiedene Ursachen haben, z.B. eine moralisierende Erzählweise oder die Angst und Unsicherheit der Mutter, die sich auf das Kind übertragen.
Wird das Märchen aber ganz natürlich erzählt, kann das Kind ein Bild für eine unbewusste Angst erhalten. Vielleicht macht ihm der Schuleintritt Mühe, oder es hat ganz allgemein Angst, verlassen zu werden. Mit dem Bild aus dem Märchen sieht es dann vielleicht seine innersten Gefühle dargestellt. Die Angst hat nun einen Namen erhalten, und es wird dadurch dem Kind und uns möglich, darauf einzugehen.

DIE SYMBOLSPRACHE IM LEBEN UND IM MÄRCHEN

In allen Lebensbereichen begegnen wir Symbolen, in der bewussten und in der unbewussten Welt. Im folgenden werden die verschiedenen Symbole voneinander abgegrenzt.[10]

KONVENTIONELLE SYMBOLE

Man nennt sie eigentlich Zeichen. Dazu gehören auch die weltweit genormten Piktogramme. Sie erleichtern uns den Alltag – aber sie normen auch die Welt. Man kann sie zum Beispiel auf allen grossen Flughäfen der Welt antreffen, und dank ihnen können wir uns in fremden Ländern, ohne Kenntnis der jeweiligen Landessprache, orientieren.
Auch in der Alltagssprache benutzen wir konventionelle Symbole: Wörter sind in der jeweiligen Kultur gewachsene symbolische Begriffe. Auch die mathematischen Zeichen, die Verbots- und Gebotstafeln sowie Landesflaggen gehören dazu. Konventionelle Symbole dienen immer der Kommunikation.

PERSÖNLICHE SYMBOLE

Persönliche Symbole – Erich Fromm nennt sie die zufälligen Symbole – spielen in unserem Leben eine grosse, jedoch verborgenere Rolle. Nehmen wir zum Beispiel von einem Spaziergang mit einem geliebten Menschen eine Vogelfeder mit nach Hause und geben ihr einen gebührenden Platz in der Wohnung, so «strahlt» diese Feder uns an. Wir haben sie durch eine persönliche Erfahrung zu einem

10 Übernommen aus: Erich Fromm, Märchen, Mythen, Träume, rororo Nr. 7448.

Symbol gemacht: für schöne Stunden, für Verliebtheit, für ein belebendes Gefühl. Für den «uneingeweihten» Menschen ist es eine Feder wie jede andere.
Persönliche Symbole dienen in der Regel nicht der Kommunikation. Eine Mutter kann zum Beispiel ungewollt die Innenwelt ihres Kindes verletzen, wenn sie einen scheinbar bedeutungslosen Gegenstand wegwirft. Dieser Gegenstand kann aber für das Kind einen grossen Wert haben – weil es ihn beseelt hatte.
In unseren Träumen erscheinen uns persönliche Symbole. Deshalb ist es bei der Traumbetrachtung sinnvoll, sich zuerst mit dem persönlichen Bezug zu einem Gegenstand, einer Person, einer Örtlichkeit usf. zu beschäftigen. Erst danach sollte auch dem allgemeinen Symbolgehalt (vergl. Kapitel *Wege zum Symbolverständnis*) Beachtung geschenkt werden.

WIR «SPRECHEN» IN BILDERN

Im Volksmund kennen wir viele Sprachbilder:
- Er hat ein Brett vor dem Kopf.
- Sie hat einen grünen Daumen.
- Auf rohen Eiern gehen.
- Ich habe den Kopf verloren.
- Ich habe einen Berg vor mir.
- Ihm ist ein Zacken aus der Krone gefallen.

Solche Sinnbilder sind meist an die jeweilige Kultur gebunden, können aber auch weltweit verstanden werden. Weil sie uns vertraut sind, hinterfragen wir sie nicht. Wir verstehen spontan, dass ein solches Bild für ein emotionales Erleben, für die innere und nicht für eine äussere Wirklichkeit steht.
Es kommt vor, dass wir am Abend einen unüberwindbar scheinenden «Berg» vor uns haben. Wenn es das Schicksal gut mit uns meint, ist er am nächsten Morgen tatsächlich verschwunden. Er wurde «abgetragen» durch einen Traum oder eine kreative Idee beim Erwachen.

Begegnet uns jedoch ein solches Bild im Märchen – wenn der Held in acht Tagen einen Berg abtragen soll, der vor des Königs Fenster steht (KHM 57), – empfinden dies viele Erwachsene eben als «märchenhaft». Aus eigener Kraft schafft es der Märchenheld auch nicht, denn er bemüht sich sieben Tage und Nächte lang scheinbar vergeblich. In der achten Nacht schläft er, auf Rat seines Tierhelfers – und am Morgen ist der Berg weg.

PERSÖNLICHE SINNBILDER

Die persönlichen Sprachbilder verstehen lernen gehört auch zur Suchtprävention. Daher werde ich auf diese Bilder ausführlicher eingehen.

Unser Unbewusstes erzeugt spontan Symbolbilder. Das Kind sagt zum Beispiel: *«Mami, da ist ein Löwe, ich habe Angst vor ihm.»* Es benutzt für seine nicht benennbare Angst den Begriff «Löwe», dieses Bild steht symbolisch für sein momentanes Erleben, für das es keine anderen Worte findet. Eltern tun sich mit einem solchen individuellen Ausdruck ihres Kindes oft schwer, vor allem wenn es damit seine Ängste ausdrückt.

Aber auch wir Erwachsenen erzeugen symbolische individuelle Bilder, meist dann, wenn sich etwas Neues in unser Bewusstsein drängt. Und wenn dieses Neue von uns eine Veränderung der bisherigen Lebensweise verlangt, ist es uns oft lieber, es wäre unbewusst geblieben.

Das Unbewusste sucht aber einen Weg, diesem für unsere Entwicklung wichtigen Inhalt auf irgend eine Art Ausdruck zu verleihen. Wir Erwachsenen haben die Möglichkeit, uns dessen bewusst zu werden. Das Kind aber ist noch nicht in der Lage, über seine Gefühle nachzudenken und seine Lebenssituation rational zu erfassen. Deshalb ist es darauf angewiesen, dass wir die Botschaft seiner Seele ernst nehmen und darauf eingehen.

Ähnlich wie Kinder benutzen alte Menschen wieder vermehrt symbolische Bilder, um ihr Befinden auszudrücken. Eine Frau erzählte, ihr Grossvater habe in den letzten Lebenstagen immer wieder gesagt: *«Die Kutsche wartet draussen auf mich.»* Die Angehörigen, die ihn liebevoll pflegten, vermochten die tiefere Bedeutung nicht zu verstehen und sagten: *«Nein, Grossvater, draussen ist keine Kutsche.»*

Weil wir es gewohnt sind, rational zu denken und uns an Vordergründigem festzuhalten, schenken wir dem Hintergründigen oft zu wenig Beachtung. Ein tieferes Verständnis der Sinnbilder und des unbewussten Ausdrucks überhaupt verstärkt das Verbindende und die Liebe zwischen den Menschen.
Die folgenden drei wahren Geschichten sollen dazu beitragen.

DAS MÄUSCHEN

Eine Grossmutter erzählt: *Mein Enkelkind hat immer ein Mäuschen bei sich, das nur in der Phantasie des Kindes vorkommt und das es überallhin begleitet. Auch ich spreche mit dem Mäuschen, nicht aber meine Tochter. Wenn das Mädchen sagt: «Pass auf, damit du das Mäuschen nicht mit der Türe einklemmst!» dann versucht die Mutter ihrem Kind klarzumachen: «Aber da ist doch gar kein Mäuschen!»*
Da dieses imaginäre Mäuschen dem Kind so wichtig zu sein scheint, sollte sich die Mutter vielleicht fragen, was es zu bedeuten hat. Vielleicht will das Mädchen – übersetzt in unsere rationale Sprache – zu seiner Mutter sagen: *«Pass auf, dass du mich (meine Seele) nicht verletzt!»*

DER BÖSE WOLF

Eine Mutter berichtet: *Mein vierjähriges Mädchen spricht oft vom bösen Wolf. Wenn das Kind in unserem Haus im oberen Stockwerk weilt, sagt es: «Mami, unten ist der Wolf, ich habe Angst», und wenn wir uns im unteren Stock befinden: «Mami, oben ist der Wolf, ich habe Angst.»*
Wir sprachen in der Gruppe darüber, und am nächsten Kursabend erzählte die Mutter: *Als meine Tochter wieder vom Wolf im oberen*

Stock sprach, nahm ich sie bei der Hand und sagte: «Komm, wir gehen den Wolf suchen.» Wir begannen die Treppe hochzusteigen, da sagte meine Tochter: «Weisst du, diesen Wolf sieht man nicht, das ist wie mit dem lieben Gott.»

SCHWESTER, DER MANN BRINGT MICH UM!

Eine Krankenschwester erzählt: *In einem Pflegeheim liegt eine ältere Frau. Sie klingelt nachts jeweils mehrere Male und sagt zur Nachtschwester: «Im Zimmer ist ein Mann mit einer Pistole und will mich umbringen.» Darauf bekommt sie die gewohnte Antwort – und damit Abweisung: «Nein, Sie sehen ja selbst, es ist kein Mann im Zimmer, schlafen Sie jetzt!» Die Frau klingelt nach einer Weile wieder. Eines Abends ist eine neue Schwester im Dienst. Auch sie wird von der Patientin ins Zimmer geklingelt. Die Schwester hört die Frau an und fragt: «Wo steht der Mann, von wo aus schiesst er?» Die alte Frau kann es ihr genau sagen. Daraufhin rollt die Schwester das Bett aus dem «Gefahrenbereich» heraus, und die alte Frau kann einschlafen.*
Hier hat das Ernstgenommenwerden die alte Frau vorerst beruhigt. Für wie lange, wissen wir nicht. Es ist möglich, dass die Frau kurz vor ihrem Tod stand und ihr «Wissen» darum nur mit diesem Angstbild auszudrücken vermochte. Das Unbewusste kann sich so mit diesem Bild «Gehör» verschaffen.

SUCHTPRÄVENTION: INNERE BILDER ERNST NEHMEN

Für die Suchtprävention und für die therapeutische Arbeit ist es wesentlich, dass alle inneren Bilder eines Menschen ernst genommen werden. Sie spiegeln die wahren Gefühle. Sich auf die imaginären Tiere und Gespenster einzulassen kann für jeden eine bereichernde Erfahrung darstellen.
Mütter aber reagieren auf diese Anregung oft skeptisch bis entsetzt. Sie glauben, mit dem Eingehen auf solche «Hirngespinste» bei ihrem Kind das Verlangen zu fördern, sich in eine künstliche

Welt zurückzuziehen. Und sie befürchten, daraus könnte sogar eine erhöhte Bereitschaft zu späterem Drogenkonsum erwachsen.
Das Gegenteil trifft zu, denn diese Figuren und Welten geben dem Kind die Möglichkeit, auf der bildhaften Ebene mit seinen Gefühlen und Ängsten zurechtzukommen.

Zieht sich ein Kind in eine Phantasiewelt zurück, weil es mit der Alltags-Wirklichkeit nicht zurechtkommt, ist es sinnvoll, ihm das Tor zu dieser Seelenwelt nicht zu verschliessen. Wir helfen einem solchen Kind, indem wir es an der Hand nehmen und es in seine Welt begleiten und ausserdem vermehrt mit der Wirklichkeit in Kontakt bringen.

UNIVERSALE SYMBOLE

Damit kommen wir zur eigentlichen Märchensprache. Universale Symbole entstehen aus menschlicher Erfahrung mit Vorkommnissen in der Natur und dem kosmischen Geschehen. Sie werden auch überall und zu jeder Zeit «verstanden». Sie sind – als die Sprache des kollektiven Unbewussten – zeitlos.
Die Vorkommnisse in der äusseren Natur können wir beobachten, mit unseren Sinnen wahrnehmen und auch bis zu einem bestimmten Punkt beschreiben. Schwieriger wird es, wenn wir versuchen, inneres Geschehen und seelisches Erleben zu beschreiben. Empfindungen, die wir z.B. beim Betrachten einer sich öffnenden Blume haben oder wenn wir in den Sternenhimmel schauen, sind schwer zu beschreiben. Oft benutzen wir dafür Kunstformen wie Lyrik, Malerei oder Musik. Märchen sind Kunst, sie sind die Poesie der Völker. Das Besondere eines Märchens ist, dass es nicht individueller Ausdruck ist, sondern allgemeinmenschliches inneres Erleben spiegelt. Nach C.G. Jung hat das Märchen seinen Ursprung im kollektiven Unbewussten.
Symbole und symbolische Handlungen (Riten) geben uns die Möglichkeit, anderen Menschen ein komplexes inneres Geschehen mitzuteilen und es mit ihnen gemeinsam zu erleben.

Die universalen Symbole haben für uns eine geistig-seelische Dimension und sind deshalb auch nie ganz erklärbar. Durch Meditation können wir dieser verborgenen Kraft näherkommen und uns mit dem Geheimnis und den Gesetzen der Schöpfung verbinden.

DIE «NATÜRLICHKEIT» DES MÄRCHENS

Früher hat der Mensch die Natur beseelt, er fühlte sich ganz mit ihr verbunden. Obwohl wir Teil der Natur sind, haben wir gelernt, sie immer mehr als das Gegensätzliche zu empfinden. Damit einher geht eine Achtlosigkeit unserer inneren Natur gegenüber.
Held und Heldin im Märchen sind allverbunden: Sie sprechen mit den Tieren und Pflanzen, dem Wind und den Gestirnen. Märchen erzählen von einem ursprünglichen und ganzheitlichen Weltbild. Märchen können uns deshalb helfen, unsere Beziehung zur inneren und äusseren Natur zu erneuern, denn im Märchen findet das meiste Geschehen in der Natur statt:

- Im Wald, am Brunnen, am See, am Meer, auf dem Baum, auf dem Berg, in der Höhle, am Ende der Welt …
- Die Gaben der weisen Frauen und Männer sind meist der Natur entnommen: eine Nuss, ein Ei, eine Zauberrute (aus Holz oder aus Eisen, welches auch in der Natur vorkommt, jedoch mit Hilfe des Feuers verarbeitet ist).
- Der Mond schenkt der Suchenden ein Ei, die Sonne eine Nuss, der Stern ein Knöchelchen ...
- Die jüngste Tochter des Vaters wünscht sich – im Gegensatz zu ihren Schwestern – etwas, das weder mit Geld noch mit Gold zu erwerben ist. Sie wünscht sich etwas Lebendiges wie das singende springende Löweneckerchen[11], die Rose, oder wie Aschenbrödel den Haselzweig.
  Der Held oder die Heldin meistern ihre Aufgaben oft nur kraft ihrer Beziehung zu einem Tier, einer Pflanze oder zu den Gestirnen.
- Weil die meisten wichtigen Märchenhandlungen in und mit Hil-

fe der Natur geschehen, sind sie schon für das Kleinkind nachvollziehbar. Eine Lebenshaltung, die sich ausschliesslich im Einklang mit der Natur befindet, ist für uns Erwachsene allerdings einseitig, denn wir sind nicht nur ursprüngliche Natur, wir schaffen auch Kultur. Das Nachdenken über den Sinn des Märchens, das Wirkenlassen der Symbole auf uns sind Kultur.

- Im Kapitel *Wege zum Symbolverständnis* sind praktische Anregungen zur Erarbeitung eines Symbols zu finden.

11 (KHM 88) und *Die Schönheit und das Tier* (franz. Märchen).

«INNENWELTSCHUTZ»

Dreissig Speichen treffen die Nabe –
Die Leere dazwischen macht das Rad.
Lehm formt der Töpfer zu Gefässen –
Die Leere darinnen macht das Gefäss.
Fenster und Türen bricht man in Mauern –
Die Leere damitten macht die Behausung.
Das Sichtbare bildet die Form eines Werkes,
das Nicht-Sichtbare macht seinen Wert aus.[12]

Die Form des klassischen Volksmärchens ist einfach. Sein Wortschatz ist in der Regel bescheiden, die Handlung verläuft zeitlich und räumlich meist linear. Durch die Komposition der symbolhaltigen Begriffe und Tätigkeiten wird es zu einem ausserordentlichen Kunstwerk.

DIE ZAUBERWELT DES MÄRCHENS – INNENWELT DES MENSCHEN

Wenn wir ein Märchen hören, wirkt es als Ganzes zauberhaft – es scheint von einer anderen Welt zu sein. Betrachten wir seine Bilder näher und bewusster, können wir aber Form und Struktur erkennen. Und wenn wir uns die Mühe machen, mit unserem heutigen Bewusstsein dem Nicht-Sichtbaren, dem Wundersamen und Zauberhaften etwas näher zu kommen, dann können wir uns selbst, den Menschen und die Welt vielleicht besser begreifen. Denn Märchen erzählen vom Menschen, seiner Beziehung zur Welt und zum Kosmos.

---

12 Laotse in TAO TE KING, O.W. Barth Verlag, 1984.

Im Märchen begegnen wir Zauberhaftem. Tiere sprechen wie selbstverständlich mit der Hauptfigur, Goldmarie springt in den Brunnen und erwacht auf einer Wiese[13], Brüderchen wird zum Reh[14] usf. Für unser logisches Denken geschieht da Unglaubliches. Und doch, was könnte das bedeuten?

ROTKÄPPCHEN ZUM BEISPIEL

Das Mädchen begegnet im Wald dem Wolf, der mit menschlicher Stimme zu ihm spricht. Hier beginnt das eigentliche märchenhafte Geschehen. Der Wolf fragt und überlegt, später verschlingt er die Grossmutter und Rotkäppchen, diese werden dann, während er schläft, vom Jäger wohlbehalten aus seinem Bauch geholt, ohne dass er dabei erwacht.

Hier handelt es sich eindeutig um symbolische Bilder, es sind Bilder für ein inneres Geschehen. Der verschlingende Wolf steht vielleicht für eine Angst oder eine Depression.

Aber wir finden in diesem Bild noch andere natürliche Vorkommnisse gespiegelt. Wir sind alle einmal in einem engen und dunklen Bauch (unserer Mutter) gewesen, und es kam der Moment, wo wir hinaus wollten – in die Welt, ans Licht. Und täglich erleben wir, wie das Dunkle, die Nacht, das Helle, den Tag verschlingt. Rotkäppchen und alle jungen Heldinnen und Helden symbolisieren im weitesten Sinn das Licht und somit die Kraft, die das Leben weiterführt.

SEELISCHE ENTWICKLUNG UND DÄMONISCHE BEDROHUNG

Im Märchen wird die menschliche Seele vorallem durch eine weibliche Hauptfigur symbolisiert. Und die seelische Entwicklung verlangt die Auseinandersetzung mit dem Bösen, den lebensfeindlichen Kräften.

---

13 *Frau Holle*, KHM 24.

14 *Brüderchen und Schwesterchen*, KHM 11.

Wir alle kennen Zeiten, in denen wir besonders stark leiden, weil unsere Seelenwelt zuwenig ernährt und geachtet wird, nicht zuletzt von uns selbst. Sehen wir das Stiefkind als Symbol für die *missachtete* Seele, dann verstehen wir, dass z.B. Aschenbrödel vorerst am Grab der guten Mutter Kräfte sammeln muss, bis es an den drei Hochmütigen (Stiefmutter und Stiefschwestern) vorbei ins Schloss zum Tanz gehen kann. Die Hochmütigen symbolisieren unseren eigenen Hochmut und Stolz, die uns immer wieder im Weg stehen. Uns Erwachsenen aber kann die Überwindung dieser Eigenschaften zur Bewusstwerdung verhelfen.

NATÜRLICH	DÄMONISCH
Individuelle Entwicklung	Anpassung, bis zur Vermassung
Entwicklungen brauchen Zeit	Machbarkeitswahn, Berechnung
Das Geheimnis, die Ahnung	Alles ist erklärbar
Idealismus	Materialismus
Wir sind Teil der Natur	Die Natur gehört uns
Sein	Haben

Diese Lebenshaltungen werden symbolisiert durch:

die weise Frau	die Stiefmutter
den weisen Mann	den berechnenden Vater
das helfende Tier	das verschlingende Tier
Sonne, Mond und Sterne	kalten Mond, heisse Sonne
Gott, die Schöpfung	den Teufel, der die Seele will
den Dummling	die gescheiten Brüder
die Magd	die stolzen Schwestern
Held und Heldin	die Nachahmer/-innen

Wenn wir Märchen zur Suchtprävention erzählen, ist es wichtig, das Märchengeschehen mit unserem Alltag in Verbindung zu setzen. Eine Verklärung des Märchens bringt uns nicht weit.

DREI MÄRCHENFIGUREN, ALS INNERE WERTE GESEHEN

Da in diesem Buch vieles über das Böse und über lebensfeindliche Kräfte zu lesen ist und weil im Alltag die feinen Regungen der Seele meist unbeachtet bleiben, versuche ich drei Figuren zu beschreiben, die wichtige seelische Qualitäten symbolisieren. Es sind drei stille und «gute» Figuren, die wir jedoch im ersten Moment sogar negativ empfinden könnten. Die Begegnung und Auseinandersetzung mit ihnen gehört zur Suchtprävention.

DER DUMMLING WIRD KÖNIG

Der Dummling ist im Märchen der Held, und nicht seine «gescheiten» Brüder. Ist das nicht erstaunlich?
Katalin Horn schreibt zum passiven Helden: *Der Held wird in einem verwunschenen Schloss von Riesen, Teufeln oder Gespenstern auf brutalste Art misshandelt, er wird geschlagen, gestochen, zertrampelt, hin- und hergeworfen, gezwickt, aufgespiesst, ja sogar geköpft oder zerstückelt. All diese Schrecknisse muss er erdulden ... Er muss nicht nur eine Nervenprobe bestehen, sondern darauf verzichten, seine männliche Kraft zu benützen; gefordert ist meistens nur tapferes Dulden, eine heldenhafte Passivität* (z.B. Der Königssohn, der sich vor nichts fürchtet, KHM 121).
Wenn der Dummling merkt, dass er die ihm gestellte Aufgabe mit seinen Möglichkeiten nicht lösen kann, setzt er sich scheinbar entmutigt auf einen Stein[15]. Vielleicht ist das ein Bild dafür, dass wir im wachsamen «Nichts-Tun» zu uns selbst und zu kreativen Kräften kommen können. *Je passiver der Held ist, desto grösser die übernatürliche Hilfe*[16].
Andere Helden sitzen – man kann sagen brüten – jahrelang hinter dem Ofen[17]. Wenn ihre Zeit gekommen ist, gehen sie von zu

15 *Die Bienenkönigin*, KHM 62.
16 Katalin Horn: Der aktive und der passive Märchenheld.
17 *Hans mein Igel*, KHM 108.

Hause fort, sie machen dann alles richtig und werden am Ende König. Der «gereifte» Dummling tritt so als die erneuernde Kraft an die Stelle des Königs.

Wenn Kinder «Dummling»-Märchen hören, wird in ihnen diese besinnliche, geduldige und tapfere Seite gestärkt. Sie hören auch davon, dass man mit der Haltung der «klugen» Brüder – das kann ich doch alles, das kenn ich ja schon! – nicht sehr weit kommt.

Eine Auswahl von Dummling-Märchen aus der Grimmschen Sammlung:

- Die drei Federn (KHM 63)
- Die Bienenkönigin (KHM 62)
- Das Eselein (KHM 144)
- Hans mein Igel (KHM 108)
- Der singende Knochen (KHM 28)
- Der goldene Vogel (KHM 57)
- Die goldene Gans (KHM 64)
- Das Wasser des Lebens (KHM 97)
- Der Müllersbursch und das Kätzchen (KHM 106)
- Daumesdick (KHM 37)

DIE MAGD WIRD KÖNIGIN

Die Magd als Heldin im Märchen wird meist Königin. Die Magd arbeitet für alle anderen. Ihr Platz ist in der Küche, im Stall, im Garten oder auf dem Feld.

Die Küche stellt das energetische Zentrum eines Hauses dar. Dort war es früher immer warm, Wasser, Holz und Feuer wurden dort benutzt und aus Pflanzen und Tieren Nahrung zubereitet. Die Nahrungsmittel werden dort umgewandelt, hart oder weich, gross oder klein gemacht, und somit für den Menschen bekömmlich und essbar. Die Küche ist symbolisch verstanden auch der Ort, wo wir lernen, lebenswichtige seelische und geistige Nahrung «zuzubereiten». Wir nehmen dabei an ursprünglichen Wandlungsprozessen teil.

So gesehen, hat die «Magd-Zeit» ihren Sinn. Viele Königstöchter verbringen eine gewisse Zeit in der Küche, um zur Frau/zur Königin zu reifen. Die Magd kann einen Anteil in uns selbst symbolisieren, der geringgeschätzt wird. Um zur Königin – ganz sich selbst – zu werden, gehört immer wieder eine Magd-Zeit dazu.
Magd-Märchen im weitesten Sinn aus der Grimmschen Sammlung sind:
- Die drei Männlein im Walde (KHM 13)
- Aschenputtel (KHM 21)
- Frau Holle (KHM 24)
- Allerleirauh (KHM 65)
- Die Gänsemagd (KHM 89)
- Die Alte im Wald (KHM 123)
- Einäuglein, Zweiäuglein, Dreiäuglein (KHM 130)
- Jungfrau Maleen (KHM 198)
- Der Eisenofen (KHM 127)
- Die Gänsehirtin am Brunnen (KHM 179)

DIE WEISE FRAU – EINE ÜBERMENSCHLICHE FIGUR

Die weise Frau steht an unserem Lebens-Weg. Wir müssen sie nur wahrnehmen und begrüssen. Sie gibt dem Suchenden einen Rat oder ein Zauberding mit auf den Weg. Und sie tut dies, ohne eine Bedingung zu stellen. Die weise Frau ist zweifellos eine jenseitige, eine übermenschliche Figur. Im Märchen *Der süsse Brei* (KHM 103) steht sie für den fruchtbaren Aspekt der Mutter Natur.
Wie dort die weise Frau, gibt uns die Natur bedingungslos und verlangt keine direkte Gegenleistung. Sie überlässt es uns, ob wir ihre Stimmen und Zeichen ernst nehmen oder nicht. Die weise Frau gibt uns das Töpfchen, welches immer wieder kocht, wenn wir Hunger haben. Ob wir vor dieser Lebensquelle Ehrfurcht haben oder nicht, entscheiden wir selbst.
Oft erscheint der Heldin auf ihrem Weg im Märchen die weise Frau gerade dann, wenn sie zu verzweifeln beginnt. Die Weise steht für die innere Weisheit, für ein höheres Wissen in uns. Dasselbe gilt für

den alten weisen Mann; in den Grimmschen Märchen kommt er nur im *Wasser des Lebens* (KHM 97) vor. Wenn wir sie anhören oder um einen Gefallen bitten, helfen sie uns weiter.
Märchen der Grimmschen Sammlung, in denen eine weise Frau erscheint:
- Frau Holle (zeigt beide Aspekte) (KHM 24)
- Der Teufel mit den drei goldenen Haaren (KHM 29)
- Das Mädchen ohne Hände (KHM 31)
- Der süsse Brei (KHM 103)
- Der Krautesel (KHM 122)
- Einäuglein, Zweiäuglein, Dreiäuglein (KHM 130)
- Die zertanzten Schuhe (KHM 133)
- Die Gänsehirtin am Brunnen (KHM 179)
- Die Nixe im Teich (KHM 181)

NATURERFAHRUNG ALS NAHRUNG FÜR DIE SEELE

Um die tiefe Weisheit der Märchen erleben zu können, brauchen wir ein «Naturgefühl».
Kindern, die wenig Erlebnisse in der freien Natur haben und sie vielleicht sogar nur vom Fern-Sehen kennen, bereiten Märchen oft Mühe. Ihnen fehlen wahre, sinnlich und emotional erlebte Eindrücke und Bilder vom Wald, vom Baum, vom Bach, der Quelle, den Schmetterlingen oder dem Sternenhimmel.

Für den Schulunterricht gibt es zwar viele interessante Natur- und Tierfilme. Ist es aber angesichts der «natürlichen Unterernährung» vieler Kinder nicht besser und spannender, direkt im Wald auf ein Tier zu lauern? Vielleicht gibt es dabei eine Enttäuschung, und es kann «nur» eine Ameise beobachtet werden, wie sie eine Tannennadel wegträgt. Aber das Kind erlebt das Wesen der Natur und erfährt, dass ihm dieses nicht gehorcht, sondern eigene Wege geht, seine eigenen Gesetzmässigkeiten hat: Wenn es kalt wird, bewegt sich die Ameise nur noch langsam oder gar nicht mehr, wenn wir einen Fuchs beobachten wollen, müssen wir zuerst seine Höhle suchen und dann viel Geduld haben – und vielleicht sehen wir ihn nie. Auf diesem Weg aber haben wir vieles andere gehört und gesehen!

Und wenn im Wald ein Märchen erzählt und auch gespielt wird, dann ist die Welt für einige Zeit in Ordnung – und das Kind (und die Erzählerin, der Erzähler) ist im grossen Ganzen eingebunden.

Müsset im Naturbetrachten
Immer eins wie alles achten:
Nichts ist drinnen, nichts ist draussen;
Denn was innen, das ist aussen.
So ergreifet ohne Säumnis
Heilig öffentlich Geheimnis

Freuet euch des wahren Scheins,
Euch des ernsten Spieles:
Kein lebendiges ist ein Eins,
Immer ist's ein Vieles.[18]

18 Johann Wolfgang von Goethe, Max Hesse Verlag, Leipzig, 2. Band, S. 190, Epirrhema.

WEGE ZUM SYMBOLVERSTÄNDNIS

Die Märchendeutung hat lediglich eine Berechtigung, wenn sie eine Hilfestellung gibt zu einer Identifizierung mit dem Märchen, d.h. zu dem Vorgang Aussenbilder in Innenbilder zu verwandeln. Sie soll die Möglichkeit erschliessen, am Märchen in gerichteter Art Erlebnisse zu wecken, die zu Erkenntnissen über Welt und Leben führen. Auf die Art tritt das Märchen aus seiner Vergangenheitsbezogenheit heraus und wird zum gegenwärtigen Ereignis.[19]

INTERPRETIEREN VON MÄRCHEN

Beim Hören eines Märchens hat jeder Mensch seine eigenen Bilder, Gefühle und Assoziationen. Diese spontane Interpretation ist persönlich und subjektiv.
Nun gibt es aber auch einen sogenannt allgemeinmenschlichen, ursprünglichen Symbolgehalt. Um diesem näherzukommen, benutzen die verschiedenen Geistesrichtungen «ihre Werkzeuge» und setzen je nach Lebensanschauung unterschiedliche Schwerpunkte. Es ist sehr anregend, verschiedene Deutungen zu einem Märchen zu lesen.

In der pädagogischen und therapeutischen Arbeit ist es sinnvoll, sich neben dem subjektiven Eindruck ein möglichst breites «Wissen» über den Symbolgehalt anzueignen.
Auf diesem Weg entsteht eine gewisse Relativierung und Distanz zum subjektiven Erleben, was in der Arbeit mit anderen Menschen wichtig ist. Anderseits hat aber das unmittelbare Verstehen eines Kindes oder die persönliche Wertung eines Erwachsenen immer Vorrang! Durch das Erarbeiten, das Hintergrundwissen und den

19 Almut Bockemühl: Initiation und Christentum, das Märchen vom Machandelboom. Aufsatz in: Schamanentum und Zaubermärchen. Erich Röth Verlag Kassel, 1986.

bewussten Bezug zum heutigen Menschen wird die Märchenerzählung seelenvoller und «durchsichtiger».

Ist der Wunsch da, mehr über den tieferen Sinn einer Märchenerzählung zu erfahren, ist es notwendig, sich Zeit dafür zu nehmen. Wir müssen sozusagen lernen, aus dem Märchen herauszuhorchen. Dazu müssen wir leer werden von den eigenen Bildern, um zu hören, was uns das Märchen noch alles sagen kann. Es kann uns einige Wochen, Monate oder Jahre begleiten.

EINE ERNÜCHTERUNG?

Oft höre ich den Einwand: *«Was soll das alles, das Märchen wird durch das Analysieren zerstört, die Romantik geht dabei verloren.»* Nicht die «Romantik» geht verloren, denn diese begegnet uns im Märchen selten. Als Erwachsener kann ich vielleicht ernüchtert werden, wenn ich feststellen muss, was ich alles in das Märchen hineinprojiziert habe. Vielleicht stelle ich fest, immer noch davon zu träumen, dass eines Tages auch bei mir der Märchenprinz oder eine Fee anklopfen wird?

Durch das Analysieren erfolgt meist eine Entzauberung des Märchens. Eine solche Ernüchterung kann Augenblicke, Stunden oder Tage dauern. Können wir aber diese Ernüchterung annehmen und uns weiter mit dem Märchen beschäftigen, beginnen sich neue Welten zu öffnen. Und je vielschichtiger und komplexer wir dieses Kunstwerk Märchen erleben, um so mehr staunen wir.
Und je mehr wir das Märchen auch mit dem Alltag verbinden können, um so bedeutungsvoller wird es.

Die Fähigkeit, Symbole zu erleben («verstehen»), tragen wir alle in uns, sie ist nur manchmal durch eine einseitige rationale Denkweise verschüttet. *«Nicht nur für den Psychotherapeuten, der seelische Störungen zu beheben versucht, sondern für jeden, der mit sich selbst in Berührung kommen möchte, ist es wichtig, die Symbolsprache verstehen zu können. Deshalb sollte auf unseren höheren Schulen und auf den Universitäten ebenso wie der Unterricht in anderen «Fremdsprachen», so auch der Unterricht in der Symbolsprache in den Lehrplan aufgenommen werden.*[20]

WIE ERARBEITE ICH EIN SYMBOL?

Es ist nicht möglich, alle Symbole und Motive selber zu erarbeiten. Aber ich will mit einer «Lektion» beginnen, denn der eigene Weg ist wertvoller und spannender als ein Symbollexikon.
Dabei soll uns bewusst sein, dass ein Symbol nie nur eine einzige Bedeutung hat. Und wenn ich einmal nicht dahinter sehen kann, lasse ich das Märchenbild «unverstanden» geheimnisvoll weiterwirken. Und irgendwann und irgendwo im Alltag werde ich seine tiefere Bedeutung – oft ganz plötzlich und unerwartet – verstehen.

Folgende Schritte können hilfreich sein:
- Das Märchen mehrmals laut lesen oder es sich vorlesen lassen.
- Die inneren Bilder auf sich wirken lassen.
- Dann folgt eine spannende Fleissarbeit. Alle Figuren, Tiere, Gegenstände, Körperteile, Zahlen, Farben, Örtlichkeiten, Tages- und Jahreszeiten, Gestirne, Elemente und Handlungen werden notiert (vergl. E. Hilty: Einäuglein, Zweiäuglein, Dreiäuglein).
- Die Handlungen der Heldin, des Helden, lassen sich der jeweiligen bösen Figur gegenüberstellen. Das gibt Aufschluss über das Leiden der Hauptfigur, über ihre Kraft und Geduld, das Böse überwinden zu können.
- Den Weg mit seinen Stationen aufzeichnen oder ihn in Musik oder Bewegung umsetzen ...
- Das Wissen über ein Tier, einen Gegenstand, eine Handlung vertiefen. Vielleicht ist die Figur aus der Mythologie, der Literatur, einer Oper bekannt? Sprachbilder aus dem Volksmund können dazu gesammelt werden.

20 Erich Fromm: Märchen, Mythen, Träume, rororo 7448, Seite 9.

- In welchen Märchen kommt diese Figur, dieses Tier auch noch vor? Hat es dort dieselbe Funktion oder eine ganz andere?
- Welche Beziehung hatte der frühere Mensch, hat das kleine Kind zu diesem Tier, diesem Gegenstand ...?
- Erst jetzt soll versucht werden, den Symbolgehalt herauszuspüren, d.h. die Aussenbilder (des Märchens) in Innenbilder zu verwandeln. Dabei muss immer wieder der Bezug zur ganzen Geschichte hergestellt werden. Je nachdem kann dasselbe Symbol eine eher positive oder negative Bedeutung haben.
- Nach der Vertiefung in die einzelnen Bilder wird das Märchen wieder zusammengefügt. Es ist jetzt vielschichtiger, lebendiger und geheimnisvoller geworden.
- Am natürlichsten ist es, ein Märchen in der Muttersprache zu erzählen (und zu hören), weil sie die Sprache des Gefühls ist. Eine schriftliche Übertragung in die eigene Mundart ist deshalb empfehlenswert.
  - Dabei werden oft treffendere Ausdrücke gefunden.
  - Die indirekte Rede kann in die direkte gewandelt werden, dadurch wird das Märchengeschehen unmittelbarer.
  - Es ist hilfreich, das Märchen in einzelne Handlungsabläufe (wie bei einem Theaterstück) zu unterteilen.
  - Für die gute Übersicht und den Erzählrhythmus kann der Text in Gedichtform aufgeschrieben werden.
  - Auf diese Art wird das Märchen *inwendig* gelernt.
  - Und irgendwo, irgendwann wird ein Märchen erzählt ...

2. TEIL

DIDAKTIK

«Zwischen der Bildersprache unseres Unbewussten und unserem Tagesbewusstsein besteht eine tiefe Kluft, die bei vielen unüberbrückbar zu sein scheint. Das ist nicht weiter verwunderlich, weil unsere Erziehungsprogramme den seelischen Bereich in sträflicher Weise vernachlässigen.»[21]

21 Felicitas Betz: Märchen als Schlüssel zur Welt, Seite 11.

MÄRCHEN FÜR VIER- BIS ACHTJÄHRIGE

NATÜRLICHE SUCHTPRÄVENTION

Bei jeder erzieherischen Arbeit ist die Haltung der Erziehenden ausschlaggebend. Das kleine Kind merkt, ob jemand die «Wahrheit» spricht oder unecht ist. Mit den Märchenbildern gesprochen: ob jemand schön oder hässlich ist. Deshalb ist die Arbeit an sich selbst die wichtigste Voraussetzung, um Kindern Lebenssinn und Lebensfreude zu vermitteln.
Es geht besonders in diesem Alter nicht darum, Suchtprävention zu «machen», sondern vorzuleben. Es geht nicht in erster Linie darum, das Kind zu erziehen, sondern es zu begleiten und ihm dabei die nötigen Grenzen zu setzen, damit es seine Fähigkeiten entfalten und mit unserer Fürsorge und unserem Angebot ein erfülltes Leben (vor)gestalten kann.

Das Märchenerzählen ist lediglich *eine* Möglichkeit zur natürlichen Suchtprävention. Unbeschwerte Erlebnisse in der freien Natur, im Wald, beim Spiel, sind nicht ersetzbar.

DAS ERZÄHLEN

Märchen sind Erzählgeschichten und nicht geschriebene Literatur. Deshalb ist es sinnvoll, sie zu erzählen und nicht vorzulesen. Dabei ist der Augenkontakt mit den Kindern wichtig, denn dann sieht das Kind mein Vertrauen in das «böse» Märchen. Und diese Erfahrung stärkt beim Kind das Vertrauen in sich selbst und in das Leben.
Wenn es meine Augen sehen kann, bleibt es auch mit seiner Spannung oder Angst nicht allein. Beim blossen Anhören einer (Ton)Kassette hingegen fehlt dem Kind die Möglichkeit, eine vielleicht notwendige Geborgenheit zu spüren.
Eltern oder Grosseltern, denen die sogenannten Grausamkeiten im

Märchen Mühe bereiten, sollten sich mit dem gewählten Märchentext vor dem Erzählen vertraut machen.

EINE AUSWAHL VON MÄRCHEN

Die aufgeführten Märchen sind mit knappen Hinweisen auf die dunkle oder verschlingende Macht, mit dem Bezug zur Sucht, versehen. Andere Aspekte werden dabei nicht erwähnt.

LÄUSCHEN UND FLÖHCHEN (KHM 30)

Dieser Sprechreim hat unter anderem folgende Aussage: Weil die Beziehung zum ursprünglichen Geschehen verlorengeht und lediglich nachgeplappert wird, führt ein fataler Leerlauf zum Verderben.

DER WOLF UND DIE SIEBEN JUNGEN GEISSLEIN (KHM 5)

Wenn deine (auch innere) Mutter nicht bei dir ist, kann es geschehen, dass du in Panik gerätst und verschlungen wirst.

DER SÜSSE BREI (KHM 103)

In dieser Geschichte geht es darum, das richtige Mass zwischen dem Zuwenig und dem Zuviel zu finden. Das Gute (hier der süsse Brei) kann auch bedrohlich werden, wenn es in falsche Hände gerät.

DIE WASSERNIXE (KHM 79)

Beim unbeschwerten Spiel gelangen die Kinder in die Hände der Wassernixe. Bei ihr müssen sie ein karges und hartes Leben führen. Die Flucht gelingt ihnen, aber damit ist die böse Macht noch nicht überwunden.

ROTKÄPPCHEN (KHM 26)

Das naive Mädchen wird vom Wolf verschlungen, aber mit Hilfe des aufmerksamen Jägers erlöst.

HÄNSEL UND GRETEL (KHM 15)

Das Vögelchen lockt die verlassenen und hungrigen Kinder zum Süssesten hin, das sie je gegessen haben. Aber da wirkt zugleich das Schrecklichste, die Hexe! Durch Klugheit und Wachsamkeit überwinden die Kinder das Dunkle, Verschlingende.

BRÜDERCHEN UND SCHWESTERCHEN (KHM 11)

Der «Lebens-Durst» drängt den Knaben zum Trinken des vergifteten Wassers. Weil er sich zweimal zurückhalten kann und auf das Trinken verzichtet, wird er nicht zum wilden zerstörerischen Tier, sondern ‹nur› zum Reh. So verschont er seine Schwester – als Wolf oder Tiger hätte er sie gefressen.

FUNDEVOGEL (KHM 51)

Ein Vogel, schon früh von der beschützenden, nährenden Mutter verlassen, wird zwar von einem Förster vom hohen Baum heruntergeholt, gerät dann aber in die Macht der bösen Köchin. Sie will ihn kochen und essen. Durch die Hilfe des wachsamen Lehnchens und der innigen Beziehung zu ihm wird die Hexe überwunden.

ERZÄHLEN IM KINDERGARTEN

Ein Märchen kann über längere Zeit (z.B. einen Monat lang) immer wieder erzählt werden. Auch wenn anfänglich noch einige Kinder protestieren: Das kennen wir schon!, wird später dieses beruhigende Ritual von den Kindern gewünscht. Diese Vertiefungsmöglichkeit stellt eine bewusste Gegenkraft zur Schnellebigkeit unserer Zeit dar. Neben der analytischen Arbeit, wie sie im Kapitel *Wege zum Symbolverständnis* beschrieben ist, sind folgende Vorbereitungen empfehlenswert:

- Überlegen Sie bei allen Gegenständen und Örtlichkeiten, ob die Kinder damit vertraut sind. So wissen z.B. nicht alle, was Eingeweide (der Ziege in *Ein-, Zwei-, Dreiäuglein*, KHM 130) sind. Es ist gut, die Kinder vor dem Erzählen zu fragen: Wer weiss, was Eingeweide sind? Oder Sie nehmen zum Märchen *Das Waldhaus* (KHM 189) je ein Schälchen Hirse, Linsen und Erbsen mit.
- Auch gewisse Tätigkeiten sind den Kindern noch nicht vertraut. Was kann man mit ihnen zusammen tun? Spinnen, weben, Brei kochen.
- Dann sind die (Körper)Bewegungen wichtig – wie fliegen, tauchen, den Weg gehen, sich verirren, auf einen Baum steigen, usf.
- Über die Figuren wird in der Regel nicht gesprochen, denn sie werden durch ihre Handlungen charakterisiert und ganz vom Kind «bewertet». Gewisse Figuren können vielleicht in der Bewegung erlebt werden: wie schreitet ein König/eine Königin, wie stapft ein Riese, wie läuft ein Zwerg und hüpft ein Frosch?
- Wenn ich den Kindern eine sinnliche Erfahrung ermögliche, erhält das später erzählte Märchen mehr Leben und Tiefe. Diese Einstimmungen können über längere Zeit erfolgen, ohne dass die Kinder den direkten Bezug zur Geschichte kennen.
- Nach dem Märchen:
  - Das freie Rollenspiel (vergl. das gleichnamige Kapitel)
  - Freies Zeichnen, Malen

FÜR UNRUHIGE KINDER

Es soll alles versucht werden, damit auch ein unruhiges Kind sich wohlfühlt. Folgende Möglichkeiten können einem solchen Kind und uns allen helfen, zur Ruhe zu kommen und das Geheimnis des Märchens tiefer zu erleben.

- Gut eignet sich ein Ritual, welches die Kinder in die Märchenwelt einstimmt. Es soll einfach und klar sein und von der Kindergärtnerin oder vom Kindergärtner selber ausgedacht werden.
- Halten Sie Bienenwachs und Ton bereit. Vor der Erzählung fragen Sie: Welche Hände brauchen Ton, welche Bienenwachs? Kinder, die Lust dazu haben, nehmen davon und kneten während des Zuhörens. Bienenwachs wärmt, und Ton kühlt. Das Kind wird wahrscheinlich nehmen, was es gerade braucht. Es soll kein ‹Produkt› entstehen! Nachher wird das Wachs, der Ton wieder zurückgelegt – bis zur nächsten Geschichte.
- Oder jedes Kind hat ein Tuch und ein Kissen, damit kann es sich, wie zu Hause im Bett, einkuscheln und zuhören.
- Wenn Kinder während der Erzählung eine Frage stellen, lasse ich mich nicht auf ein Gespräch ein. Auf jeden Fall nehme ich aber den Einwand oder die Frage wahr! Vielleicht ziehe ich fragend die Schultern hoch und erzähle weiter. Kommt die Frage wieder, verhalte ich mich ebenso oder sage: Ich weiss es nicht. Diese Beharrlichkeit lohnt sich, und die Kinder wissen mit der Zeit, dass Fragen offenbleiben können und es Geheimnisse gibt. Auch das gehört zur Suchtprävention.

FÜR FREMDSPRACHIGE KINDER

Ich denke dabei nicht nur an die Kinder, welche unsere Sprache noch nicht recht verstehen, sondern auch an geistig behinderte Kinder. Wenn etwa die Hälfte der Kinder (oder geistig behinderte Erwachsene) die Worte versteht, also mit der Spannung mitgeht, genügt dies meiner Erfahrung nach, um eine innige Stimmung zu schaffen, welche die andern anregt und mitträgt.

- Von Märchen-Bilderbüchern möchte ich abraten – auch wenn sie oft wunderschön sind. Die Illustrationen von Erwachsenen entsprechen nicht der Vorstellungswelt des Kindes. Und wenn das Märchen schon tiefe seelische Bilder zu beleben vermag, sollte diese Möglichkeit wahrgenommen und nicht vertan werden. Wie sieht denn eine Hexe aus? Wir haben alle unsere eigene Vorstellung von einer Hexe, eine Illustration aus einem Buch könnte diese Vorstellung nur überlagern. So ist es immer interessanter, ein individuelles Bild von einer Hexe zu haben, denn dieses kann sich wandeln.
- Das Kneten von Wachs oder Ton ist auch hier eine gute Möglichkeit. Auch wenn ein Kind nur wenige Wörter versteht, kann es dabei seine eigene Geschichte erleben, «kneten». Es darf natürlich nicht der Anspruch erhoben werden, das Kind müsse das Märchen ‹verstehen›! Diese Einstellung und die besinnliche Atmosphäre ermöglicht dem Kind, seine eigene Geschichte zu spinnen.
- Eine Frau erzählte: *Als Kind war ich oft in Italien in den Ferien. Dort lebte ein kriegsgeschädigter Mann, der keine Beine mehr hatte. Er erzählte Märchen. Obwohl ich kein Wort verstand, erlebte ich, wenn er erzählte, die herrlichsten Geschichten.*
- Eine Anregung, eigene Bilder zu entwickeln, geben auch einfachste Tischpüppchen, wie sie z.B. in Waldorfschulen benützt werden. Vielleicht werden nur eines oder zwei benötigt, die dann ab und zu in einer einfachen «Landschaft» mit gefärbter Rebgaze, Stoffwindeln und Zweigen bewegt werden.
- Auch eine Schosspuppe[22] eignet sich gut: sie «nimmt» vorher mit den Kindern Kontakt auf. Die Kindergärtnerin unterstützt dann die Märchenerzählung mit einfachen Bewegungen der Puppe. Das genügt, um die Phantasie des Kindes anzuregen.

Ein Erlebnis: Ich wurde in einen Kindergarten eingeladen, nach einer Märchenerzählung das freie Rollenspiel zu gestalten. Ein

22 Käthi Wüthrich/Gudrun Gauda: Botschaften der Kinderseele, Kösel Verlag, 1990.

Mädchen fehlte noch. Die Kindergärtnerin machte mich darauf aufmerksam, dass das Mädchen erst seit kurzem in der Schweiz sei und noch grosse Mühe mit der Sprache hätte. Ich solle nur beginnen, das Kind würde ohnehin vom Märchen kaum etwas mitbekommen. Ich wartete trotzdem auf das Mädchen, welches dann von seinem Bruder gebracht wurde. Nach der Erzählung blieb es auch tatsächlich «stumm» und wählte keine Rolle. Es wurde aber von der Kindergärtnerin, welche die Mutter spielte, bewusst ins Spiel einbezogen. Im Laufe des Spiels ging die Heldin (ein anderes Mädchen) auf den Weg. Das fremdsprachige Kind stand auf (die Kindergärtnerin wollte es noch zurückhalten) und folgte der Märchenheldin. Es begleitete von nun an die Heldin, schien immer ganz dabei zu sein, und gegen Ende des Spiels ging dieses Mädchen voraus. Es sprach zwar nicht, konnte aber den Weg der Heldin miterleben.

DAS FREIE ROLLENSPIEL

- Die ideale Gruppengrösse sind 8 bis 15 Kinder. Sind es weniger, kommt das einzelne Kind eher unter Druck, und die Leiterin muss zuviele Rollen übernehmen. Auch mit 30 Kindern mag es noch gut gehen, aber stillere Kinder kommen dabei zu kurz.
- Meine innere Haltung: Ich biete den Kindern Märchen und Spiel an, verlange aber nichts von ihnen.
- Mit einem Ritual werden die Kinder in die Märchenwelt geführt, sie haben dann weniger Fragen.
- Die Märchenerzählung erfolgt ohne Buch und wenn möglich in der vertrauten Mundart.
- Nach der Erzählung und einigen Sekunden Stille frage ich: Wollen wir das Märchen spielen? – Ja! – (In elf Jahren habe ich nur ein einziges Nein gehört).
- Wenn ein Kind schon weiss, was es spielen möchte, legt es seinen Finger auf die Nase. So gibt es keine Absprachen und keine Tuschelei. Ich zähle die zu spielenden Figuren und Gegenstände nochmals auf.
- Es können durchaus vier Schwesterchen, drei Brüderchen/Rehe und zwei Königssöhne sein. Die unbesetzten Rollen spielt dann die Leiterin oder der Leiter. Es ist auch hilfreich und ohne weiteres möglich, dass eine Kollegin oder eine Mutter mitspielt und nicht (nur) zuschaut!
- Haben alle gewählt, besprechen wir, welche «Orte» wir brauchen. Und mit Tüchern und Mobiliar gestalten die Kinder jeweils die wichtigsten Örtlichkeiten: Fluss, Schloss, Hütte, Baum ...
- Kein Kind muss spielen. Ich bemühe mich jedoch sachte darum, dass jedes einen Platz im Spiel findet. Aber es kann sein, dass ein Kind zuerst einmal sehen muss, wie alles läuft – nach meiner Erfahrung wird es bereits beim zweiten Mal mitspielen. Es gibt Kinder, die lange eine «stumme» Rolle wählen, um vielleicht erst nach einem Jahr plötzlich zu sprechen.

- Kein Kind muss sprechen. Die anderen aber und auch der Leiter oder die Leiterin helfen jederzeit. Jedes darf sagen, was ihm in den Sinn kommt, was es denkt.
- Wenn alle bereit sind, sagt jedes den anderen, wo es wohnt und was es spielen wird.
- Manchmal beginne ich als Einstieg ins Spiel die Geschichte zu erzählen, oder ich gestalte in der «Mutterrolle» einen «Alltag», schicke die Kinder spielen etc.. So merken die Kinder, dass sie spontan sprechen und handeln können. Aber das Märchen gibt den Rahmen – der erstaunlicherweise auch immer eingehalten wird. Dabei muss aber das Märchen beim ersten Mal unbedingt ganz und zu Ende gespielt werden!
- Ich greife nicht korrigierend ein, biete aber Hilfe an, wenn sie gewünscht wird.

VORTEILE DER FREIEN ROLLENWAHL UND DER SPONTANEN DIALOGE

- Ein scheues Kind kann sich an das mutigere anschliessen und ohne Angst den gewünschten Weg gehen. Es muss nicht befürchten zu «scheitern». Auch für Kinder, die die Sprache noch nicht beherrschen, besteht so die Möglichkeit, sich am Spiel zu beteiligen und dabei in die Gruppe integriert zu werden.
- Es gibt keine «Hauptrolle». Jedes spielt (s)eine Hauptrolle, die es spielen möchte. Die Leiterin muss kein schlechtes Gewissen haben, weil sie wie im herkömmlichen Spiel nur einem Kind die Hauptrolle «erlauben» konnte.
- Wenn mehrere dieselbe Rolle spielen, wird das Spiel viel lustvoller! Im Märchen ist die Hauptfigur zwar allein auf dem Weg, aber auf diese Art können die zwei/drei miteinander reden, springen, traurig sein, sich wehren, Angst haben. Es entwickelt sich dabei eine oft rührende Solidarität. Das Böse (meist von der Leiterin/vom Leiter gespielt) hat dann gar keine Chance mehr!
- Im spontanen Dialog verarbeiten Kinder völlig unbewusst auch Schwieriges in ihrem Leben. Sie können folgenlos böse, traurig,

hochmütig sein oder das «Böse» auf den Scheiterhaufen bringen und verbrennen. Es werden dem Kind Rituale «angeboten», die seinen inneren Prozess unterstützen können.

EINE AUFFÜHRUNG FÜR EIN PUBLIKUM?

Als ich in einer Projektwoche mit Schülerinnen und Schülern dasselbe Märchen jeden Tag spielte und erarbeitete, wurde ich gefragt, ob auch die Eltern und Geschwister eine Aufführung ansehen dürften.
Damals sagte ich zu.
Nach meinen jüngsten Erfahrungen möchte ich jedoch aus folgenden Gründen davon abraten:

Ein Märchenspiel ist ein intimes Erlebnis – oft ein «heiliges Spiel». Die Kinder sind ganz ernst und innig dabei. Zuschauer stören diese Intimität. Auch Lob, wie jede andere Wertung, beeinflusst die Kinder in ihrem natürlichen Spiel und bringt alles auf eine andere, «profanere» Ebene.

Eine Kindergärtnerin meinte nach einem freien Rollenspiel:
Ich bin zur Überzeugung gelangt, dass ich kein Märchen mehr vor Publikum aufführen werde, sondern andere Geschichten – es gibt ja so viele.

MÄRCHEN FÜR NEUN-
BIS ZWÖLFJÄHRIGE

Die meisten Lehrerinnen und Lehrer erzählen Kindern ab zehn Jahren keine Märchen mehr.
Es ist aber erfreulich, dass jetzt manche Lehrerin durch die Vertiefung der Märchen den Mut gefunden hat, die «altbekannte» Märchenstunde am Samstagmorgen wieder einzuführen. Und nach Überwindung der anfänglichen Unlust und Abwehr einiger Kinder scheinen sie damit auch grossen Erfolg zu haben.

FREMDE MÄRCHEN

Weil das Interesse für andere Völker in diesem Alter wach wird, ist es naheliegend, ergänzend zur Vermittlung des üblichen Schulwissens über fremde Länder auch die landesentsprechenden Märchen zu erzählen. Und es ist bestimmt auch spannend, ein Märchen aus der Türkei oder aus Italien zu hören und die entsprechende Variante davon aus dem deutschen Sprachraum. Dadurch bekommt der Schüler ein Gefühl für die jeweilige Volksseele.
Die Schüler werden beauftragt, in der Bibliothek ein entsprechendes Märchenbuch auszuleihen und sich eine Geschichte auszusuchen. Fremdsprachige Kinder werden ermuntert, ein Märchen in ihrer Muttersprache zu erzählen oder vorzulesen. Das ist gewiss ein lebendiger Weg zum Verständnis fremder Kulturen.

Literatur: *Es war einmal, es war keinmal,* ein multikulturelles Lese- und Arbeitsbuch, Beltz Praxis, 1985. Darin sind Märchen und Erzählungen aus der Türkei, aus dem ehemaligen Jugoslawien, Griechenland, Italien, Spanien und Portugal teils in der Landessprache und teils in der Übersetzung zu finden.

DIE BÖSEN VÄTER IM MÄRCHEN

Mit dem Beginn des Lesealters werden die sogenannten Vater-Märchen aktuell. Es ist das Alter, in dem das Kind sich immer mehr aus der Mutterwelt – gemeint ist damit das Zuhause, das Vertraute, das schützende «Nest» – entfernt. Es will das Fremde, die Welt und die Gesellschaft mit ihren Regeln immer mehr allein erleben, das Fremde stellt sich sozusagen als Vater-Welt dar.
Die sogenannten Mutter-Märchen werden also auch entsprechend der Entwicklung vor allem im Vorschul- und Grundschulalter von den Kindern gewählt. Und weil später überhaupt weniger Märchen erzählt werden, kann der Eindruck entstehen, nur die Märchen-Mütter könnten böse sein. Wie aber steht es mit den Märchen-Vätern? Entweder sind sie schwach, wie in *Hänsel und Gretel,* oder sie sind überhaupt abwesend. Umgekehrt haben in Vater-Märchen die Mütter wenig zu sagen, oder sie sind gar nicht vorhanden. Darauf näher einzugehen sprengt aber den Rahmen dieses Buches.
Noch aus einem anderen Grund entsteht die Annahme, es gäbe wenig böse Väter im Märchen: Die Stiefmütter, Schwiegermütter, Hexen und Zauberinnen verfolgen die Heldin/den Helden meist bis fast ans Ende der Geschichte. Der Grund liegt unter anderem darin, dass die anfängliche Symbiose mit der Mutter schwerer zu überwinden ist und dass sich überhaupt das Weibliche, hier als Manifestation des Unbewussten, als machtvoller zeigt.
Anders bei den Vätern: Sie verfluchen ihr Kind (Die sieben Raben, KHM 25) oder sie verkaufen die Seele ihres Kindes dem Teufel (KHM 31), der Nixe (KHM 181) ... Sie geben einen Impuls zum Leiden, das von der Hauptfigur auf ihrem Weg überwunden werden muss.

Da jedes Märchen die Gefühlskräfte des Kindes stärkt, seien hier einige Vater-Märchen aufgeführt:
- Der Froschkönig oder der eiserne Heinrich (KHM 1)
- Der treue Johannes (KHM 6)
- Die zwölf Brüder (KHM 12)

- Die sieben Raben (KHM 25)
- Der Teufel mit den drei goldenen Haaren (KHM 29)
- Das Mädchen ohne Hände (KHM 31)
- Die sechs Schwäne (KHM 49)
- Der goldene Vogel (KHM 57)
- Die drei Federn (KHM 63)
- Allerleirauh (KHM 65)
- Das singende springende Löweneckerchen (KHM 88)
- Das Wasser des Lebens (KHM 97)
- Hans mein Igel (KHM 108)
- Der Eisenofen (KHM 127)
- Der Eisenhans (KHM 136)
- Das Eselein (KHM 144)
- Das Waldhaus (KHM 169)
- Die Nixe im Teich (KHM 181)
- Jungfrau Maleen (KHM 198)

Andere sehr schöne Märchen für dieses Alter:
- Das Meerhäschen (KHM 191)
- Der Trommler (KHM 139)
- Die Kristallkugel (KHM 197)

DIDAKTISCHES ZUR SUCHTPRÄVENTION MIT MÄRCHEN

- Für die Vorbereitungen gilt dasselbe wie im Kindergarten.
- Ein Märchen kann fächer- und stufenübergreifend vertieft und gestaltet werden.
- Das freie Rollenspiel erhält in dieser Altersstufe als Ausgleich zum Stillsitzen-Müssen und Lernen eine besondere Bedeutung.
- Wenn vorgelesen wird, sollte ein Buch ohne Illustrationen und für Erwachsene benutzt werden.
- Der Bezug zum Suchtverhalten kann vom Schüler leichter hergestellt werden, wenn die böse Macht sich als beinahe oder ganz unüberwindbar zeigt wie *Frau Trude* (vergl. das entsprechende Märchen, Seite 92).

- Lassen Sie sich beim Austausch über Märchen von den Schülern leiten, und behalten Sie Ihre eigenen Bilder und Meinungen für sich. Dann machen sich die Schüler eigene Gedanken und stellen Bezüge her, die für sie wesentlich sind. So kann die innere Grenze der Schüler erspürt und gewahrt werden.
- Auf dieser Altersstufe ist es noch zu früh, um mit den Schülern über Symbolik zu sprechen. Die Fähigkeit zur Abstraktion ist mit 10 – 12 Jahren noch nicht genügend ausgebildet.

ERFAHRUNGEN MIT MÄRCHEN AUF DIESER ALTERSSTUFE

AM KOMMUNIONSTAG

Als Geschenk zu seinem besonderen Tag erzählte ich einem 10jährigen Mädchen *Die wunderschöne Wassilissa*[23]. Es hörte aufmerksam zu, während die Erwachsenen im Hintergrund plauderten, und sagte zum Schluss ganz nachdenklich: *Aber gell, diese Geschichte steht in keinem Buch.* Es war «seine» Geschichte, denn es ist Stief- und Pflegekind wie die Heldin im Märchen.

BRIEF EINER KATECHETIN

Nachdem ich selber in Kursen und Vorlesungen erlebt habe, wie man Märchen hören und erzählen kann, habe ich den Mut gefunden, auch im Religionsunterricht mit Märchen zu arbeiten.

Dabei war es für mich vor allem schön zu erfahren, dass die Schüler (und auch Erwachsene) sich so ganz intensiv auf Märchen einlassen können.

Wichtig war für mich der Anstoss (das «gewusst wie ...»), Märchen z.B. mit verschiedenen musikalischen Klängen zu umrahmen.

Für mich legt es sich aus meinen Erfahrungen heraus nahe, dass Lehrer in Fortbildungen oder besser noch in der Lehrerausbildung mit der Methodik und den vielfältigen Möglichkeiten von Märchen im Unterricht in Kontakt kommen sollten.

---

23 Russische Volksmärchen, Alexander N. Afanasiew, dtv klassik.
Der vollständige Märchentext liegt im Buch vor.

Nur wenn ich mich als LehrerIn «sicher fühle», wie ich mit Märchen in einer Klasse umgehen kann, werde ich Märchen auch einsetzen – und zwar nicht nur als blosse Textvorlage für grammatikalische Übungen.
Zunächst musste ich für mich selber lernen und ausprobieren dürfen, wie ich mit einer Klangschale umgehen kann, wie ich andere Musikinstrumente (Glockenspiel, Flöten – aber auch Musik vom Tonband) gezielt einsetzen kann und wie ich mich über das Märchen mit meinen eigenen, inneren Bildern beschäftigen kann. Erst dann war ich mir sicher, dass ich das auch verantwortlich (sowohl den Märchen als auch den Kindern gerecht werdend) im Unterricht einsetzen werde.
Mir ist absolut klar, dass es in der Schule ganz offensichtlich zu wenig Orte und Gelegenheiten gibt, an denen Schüler zur Stille angeleitet und zur Auseinandersetzung mit ihren eigenen Bildern und Vorstellungen ermutigt werden. Das kann nicht allein im Religionsunterricht geleistet werden!
Wenn die Schule aber tatsächlich ein «Lernen fürs Leben» ermöglichen soll, so ist es m.E. unumgänglich, dass auch solche (wenig leistungsorientierte) Inhalte in den Schulalltag eingebaut werden müssen. *G.S.*

OBERSTUFE (AB 13 JAHREN)

Im Oberstufenunterricht ist es relativ einfach, über Wesen und Symbolik des Märchens zu sprechen: Wie ist es entstanden, weshalb kommt es in aller Welt vor? Wenn die ersten fünf Minuten der Abwehr seitens der Schüler und Schülerinnen gegen den «Kleinkinderkram» vorbei sind, ist die Aufmerksamkeit gut oder sehr gut.

ZWEISPRACHIGE LITERATUR:
- *Fiabe siciliane/Sizilianische Märchen*, fünf Märchen aus der Sammlung von Italo Calvino, dtv Nr. 9036.
- Deutsch-Türkisch: *Alte Märchen neu erzählt*, von Aras Ören, Ararat Verlag, Berlin.

SUCHTPRÄVENTION

Es ist zu hoffen, dass im Unterricht oder auch zu Hause irgendwann und irgendwo Zeit bleibt, ein Märchen aus diesem Buch zu erzählen oder vorzulesen. Lassen Sie sich vom anschliessenden Gespräch überraschen!
Die ungewohnte Verbindung von Märchen und Suchtprävention belustigt die Jugendlichen auch irgendwie. Und nach einer Erzählung wie *Frau Trude* ist die Aufmerksamkeit bestimmt da. Dieser Zugang zu den Märchen ist für die Schülerinnen und Schüler so ungewohnt und neu, dass sie sich mit den wesentlichen Lebensfragen auch von der neuen Optik aus beschäftigen ...
Unbewusst oder bewusst merken die Schüler auch, dass die Märchen in der Regel nicht moralisierend sind und dass Strafe und Lohn die logische Konsequenz der Handlung und somit gerecht sind. Die Schülerinnen und Schüler der 7. bis 10. Klasse waren jeweils spontan bereit, ein Märchen auf die Suchtproblematik hin zu aktualisieren.

IN LEHRLINGSKLASSEN

In der Berufsschule war das Interesse und die Beteiligung am Gespräch deutlich am grössten. Wahrscheinlich, weil diese jungen Menschen schon im Erwachsenenleben stehen.
Meine Erfahrungen mit der spielerischen Umsetzung sind jedoch ernüchternd.

EIN «SUCHT-MÄRCHEN» SCHREIBEN

Wenn Schüler und Schülerinnen nicht zum Spiel zu motivieren sind, ist das Schreiben eines «Suchtmärchens» eine Möglichkeit zur Vertiefung und Auseinandersetzung mit der Suchtproblematik.
Wesentliche Anhaltspunkte sind eine böse Macht auf der einen Seite, auf der anderen die Heldin, der Held. Thematische Schwerpunkte sind Verführung und Erlösung.

MÖGLICHE VERFÜHRERISCHE UND BÖSE FIGUREN

DIE HEXE

- will den Tod der Hauptfigur durch Kochen, Erfrieren, Verschlingen,
- braut einen Gifttrunk,
- kann versteinern, verwandeln und einsperren.

Durch die Entwicklung der eigenen Fähigkeiten, mit Geduld, mit Hilfe der weisen Frau oder eines Tieres wird sie überwunden.

DER TEUFEL

- verspricht Geld und Reichtum, will aber die Seele der Heldin oder des Helden; symbolisch: die Persönlichkeit,
- er will peinigen, den Helden in Pech und Schwefel kochen,
- aber man lernt bei ihm einiges: Tiere verstehen, Zauberkünste.

Durch mutige Konfrontation, mit Hilfe der Teufelstochter oder deren Grossmutter, durch Aneignung seines Zauberbuches, durch Geduld oder den unerschütterlichen Glauben an das Gute wird er überwunden.

DER RIESE – DIE RIESIN
– hat «Riesenkräfte», kann packen, zerquetschen, verschlingen.
Aber Riesen sind dumm, deshalb kann man sie gut überlisten.

DER ZAUBERER – DIE ZAUBERIN
– kann mich und sich und alles verwandeln.
Aber durch Wachsamkeit, Mut und Klugheit ist der böse Zauberer, die böse Zauberin zu besiegen.

DIE KRAFT, DIE DAS BÖSE ÜBERWINDET

HAUPTFIGUREN
– Das Mädchen, der Knabe, die Königstochter, der Königssohn, die Magd, der Schweinehirt ... das sog. schwächste Glied in der Familie oder der Gesellschaft.

HALTUNG
– Die Hauptfigur ist im Glauben an das Gute getragen, sie geht wachsam und mit offenem Sinn ihren Weg, spricht mit Pflanzen, Tieren und Gestirnen und allen Wesen. Sie handelt in Liebe, im Vertrauen, auch mit Mut und List.

TIERHELFER
– Ente, Ameisen, Fisch, Vogel, Fuchs, Wolf ... Diese Tiere sind oft hilfreich und statten ihren Dank dafür ab, dass ihnen vorher das Leben geschenkt wurde.

HELFERFIGUREN
– Die weise Frau, der weise Mann, das kleine Männchen, der Wind und die Gestirne. Sie geben Rat, einen Spruch oder einen Zaubergegenstand wie ein Zauber-Rütlein, ein immer Nahrung spendendes Töpfchen, das Lebens-Wasser mit auf den Weg.

DIE SPIELERISCHE UMSETZUNG

Fast in jeder Klasse habe ich das nachfolgende Märchen erzählt. Weil darin Verführung und Erlösung eindeutig sichtbar sind, eignet es sich sozusagen als «Modell» für eine Aktualisierung zur Suchtproblematik.

DER TEUFEL UND DIE HUNDERT RABEN

Nach uraltem Brauch gingen die fahrenden Schüler auf den Kreuzweg, wo sie der Teufel allerlei Künste lehrte. Es mussten aber ihrer immer zwölf sein. Zum Lohn wählte der Teufel sich dann immer einen von ihnen als Opfer aus. Jeder dachte, ihn werde es schon nicht treffen, und liess sich von des Teufels Künsten verlocken.

Zwei Freunde hatten davon gehört, und es zog sie mächtig hin zum Kreuzweg, doch zauderten sie, denn wenn der Teufel den einen von ihnen packen würde, wäre es auch gar zu schrecklich für sie beide gewesen.

Doch wie es so geht, die Begierde war stärker als der Wille, und so standen sie auf einmal mitten unter den zwölfen am Kreuzweg. Es dauerte auch nicht lange, und der Böse wählte sein Opfer. Da fiel die Wahl auf einen der beiden Freunde.
Der andere wurde nun traurig und betrübt und war voller Sehnsucht nach seinem Kameraden, denn sie hatten sich sehr lieb gehabt.
Als der Teufel dies bemerkte, sprach er zu dem Betrübten, der niedergeschlagen des Weges daherschlich:
«Ich will dir ein Mittel geben gegen deine Sehnsucht: Auf einem Zaun wirst du hundert Raben sitzen sehen. Einer davon ist dein Freund. Findest du ihn heraus, so soll er wieder ein Mensch werden und frei sein, bezeichnest du aber den Falschen, so bist auch du verloren.»
Der Bursche dachte, ohne seinen Freund habe das Leben ohnehin

keinen Wert für ihn, und wenn er fehle, so könnten sie doch als Raben weiterleben. Also nahm er den Vorschlag an.
Als er nach Hause ging, sah er hundert Raben auf einem Zaune sitzen. Er musterte sie alle auf das genaueste, aber da war der eine wie der andere, jeder von gleicher Grösse, alle hässlich und rabenschwarz vom Schnabel bis zu den Füssen. Es schien ihm unmöglich, den Richtigen herauszufinden, und schon wollte er verzweifeln, als er bemerkte, wie einer der Raben plötzlich eine Träne ins Auge bekam.
«Der ist es!» rief er aus.
In der Tat hatte er den Richtigen erkannt. Da erhielt sein Freund seine menschliche Gestalt zurück. In Zukunft aber mieden die beiden den Kreuzweg. Märchen aus dem Wallis, Schweiz[24]

PRAKTISCHES VORGEHEN

- Erzählung (wenn möglich in Mundart)
- Frage: Was denkt ihr dazu?
- Jeder Schüler und jede Schülerin äussert sich persönlich. Dabei suche ich zu verhindern, dass Diskussionen aufkommen und so die Energien verbraucht werden. Jede Äusserung wird akzeptiert. Dabei lernen die Schülerinnen und Schüler, sich tolerant gegenüber anderen Meinungen zu verhalten.
- Es werden Dreier- oder Vierergruppen gebildet, wobei die freie Wahl wesentlich ist. Wird nach Sympathie gewählt, fallen nachher in der Regel die Erarbeitung des gemeinsamen Themas und das spontane Spiel leichter. Beim nachfolgenden Spiel werden zudem die sozialen Untergruppen deutlicher erkennbar.
- Jede Gruppe denkt sich nach dem «Muster» der erwähnten Märchen eine aktuelle Verführungs- und Erlösungs-Situation in

24 Die Schweiz in ihren Märchen und Sennengeschichten, Hrsg. R. Waldmann, Diederichs Köln, 1983.
Märchen von Schwanenfrauen und verzauberten Jünglingen, Hrsg. Sigrid Früh, Fischer, 1984, TB 2878.

unserer Zeit aus. Nach etwa zehn Minuten gehe ich zu den einzelnen Gruppen, frage nach ihrem gewählten Thema und biete, falls gewünscht, Hilfe bei der Umsetzung an. Diese angebotene Hilfe wird jedoch selten in Anspruch genommen.

- Wenn der Handlungsablauf und die zu übernehmende Rolle für jeden Schüler klar ist, spielt jede Gruppe ihre Szene den andern vor. Das Spiel soll spontan sein, denn wenn geprobt wird, bekommen unwesentliche Details zuviel Gewicht, und das Spiel wird schwerfällig.
- Abschliessend frage ich die Schüler, wie es ihnen beim Spielen oder beim Zuschauen ergangen sei. Dabei erlebte ich mehr als einmal, dass bei einem Mitschüler im Spielverlauf zur allgemeinen Überraschung ein verborgenes «Talent» entdeckt wurde.

SPIELPROTOKOLLE

Mich hat diese Geschichte mit dem Raben sehr beeindruckt, weil wir sie nachher so spielen konnten, wie wir es wollten. Unsere Gruppe hat sich dann Gedanken darüber gemacht, wie wir eine Drogenszene spielen könnten, was uns auch gelang. Corina, 12jährig

SECHSTE KLASSE

ENTZIEHUNGSKUR (3 Knaben)

Ein Knabe nimmt monatelang Drogen. Schliesslich kommt er ins Erziehungsheim und ist jetzt schon drei Monate dort. Ich (Spielleiterin) frage den Betroffenen: «Wie fühlst du dich im Erziehungsheim?» Er antwortet: «Wie im Gefängnis!»

RAUCHEN (5 Mädchen)

Zwei rauchende Zwölfjährige versuchen, die Freundin von zwei nichtrauchenden Mädchen zum Rauchen zu bewegen. Sie nimmt die angebotene Zigarette an, raucht und lässt ihre Freundinnen stehen. Diese möchten sie jedoch zurückgewinnen. Die Rauchenden fordern: «Gelingt es euch, uns von der Schädlichkeit des Rauchens zu überzeugen, kommt eure Freundin wieder zu euch zurück.» Was dann auch geschieht.

1. REALKLASSE/1. SEKUNDARKLASSE

DROGENKONSUM KANN ZUM TOD FÜHREN (4 Knaben)

Zwei bieten den andern Zigaretten an. Diese lehnen ab. Schliesslich kann einer der Raucher einen der Nichtraucher überreden. Dieser beginnt zu rauchen, hustet und sagt: «Nein, danke» und geht weg.
Er kommt wieder zurück und raucht jetzt doch.
Einen Monat später: Die zwei starken Raucher überreden jetzt die zwei Freunde, einen Joint zu versuchen. Sie nehmen an, husten, und gehen weg.
Ein Jahr später: Der eine raucht täglich vier bis fünf Joints. Als ihm dies nicht mehr genügt, beginnt er zu fixen.
Zwei Jahre später: Die zwei sitzen verwahrlost auf dem Boden und betteln. Die zwei Freunde kommen dazu und sehen, wie sie an einer Heroinvergiftung sterben (sehr dramatisch gespielt).

FERNSEHSUCHT IST UNHEILBAR (5 Knaben)

Zwei Freunde schauen fern, beide haben eine Fernbedienung in der Hand. Sie sind hektisch, schalten um, streiten, werden hysterisch. «Schau! Dieser Mord, nein hier, das schöne Goal!»
Drei weitere Freunde kommen dazu und fragen sie: «Kommt ihr mit ins Theater?» Die anderen schauen aber so gebannt in die Kiste, dass sie die neu Hinzukommenden anfangs gar nicht wahrnehmen. Erst mit viel Überredungskunst können sie dazu gebracht werden, mit ins Theater zu kommen. (Alle verlassen das Klassenzimmer.)
Die fünf kommen vom Theaterbesuch zurück. Die drei sagen zu den zwei Fernsehsüchtigen: «War doch gut, das Theater!?» – «Ja, ja», sagen die zwei. Aber kaum sind ihre Freunde weg, nehmen sie die Fernbedienung zur Hand – und es beginnt von vorn.

Während der Vorbereitung hatten mich diese Knaben gefragt: «Können wir auch eine Sucht nehmen, die nicht heilbar ist?»

MOON-SEKTE (5 Mädchen)
Drei Freundinnen sitzen in der U-Bahn. Zwei andere Mädchen, mit Kapuzen bekleidet, kommen zu ihnen und laden sie zu einem Abendessen mit anschliessender Filmvorführung ein – alles gratis! Eines der drei Mädchen geht mit.
Später bei der Moon-Sekte. Alle sitzen beim Abendessen und beten: «O, mein Herr! O, mein Herr!» und strecken ihre Arme flehend zum Himmel. Fast übergangslos sagen sie zur Neuen: «Ab jetzt wirst du hier wohnen, du wirst es gut haben, wir sagen dir, was du anziehen sollst, und wir sagen dir auch, was du lesen sollst. Das ist alles ganz einfach.»
Ein Jahr später sitzt das Mädchen zusammengekauert und ergeben da, ihr Ausdruck ist verlöscht.
Die Eltern des Mädchens planen die Entführung und holen ihre Tochter zurück.
Einige Wochen später freut sie sich: «Mein Herz ist wieder frei!»

SPIELSALON (5 Knaben)
Zwei Schüler stellen mit viel Lust und grossem Können einen Spielautomaten dar. Ein Dritter kommt herein, spielt und gewinnt und gewinnt wieder. Aber dann verliert er nur noch.
Zwei andere Freunde wollen ihn da herausholen, aber er schreit: «Nein, ich gewinne ja gleich wieder!»

EHEKRACH (4 Mädchen)
Mann und Frau streiten. Er verlässt die Wohnung und geht in die Kneipe.
Dort sitzt eine Alkoholikerin, die ihn fragt: «Wie geht es dir?» «Nicht gut, meine Frau ist mir davongelaufen, wir haben Streit.» «Also komm, da gibt's nur eins: Trinken! Dann vergisst du alles. Prost!» Er trinkt.
Eine Frau kommt herein, die Mädchen nennen sie «Engel». Auch sie fragt den Mann, wie es ihm gehe, unterhält sich mit ihm und sagt

dann: «Sprich doch mit deiner Frau, das wäre besser, als hier zu trinken.» «Ach, das geht nicht, du weisst nicht, wie meine Frau ist!» Seine Frau kommt herein. «Was, hier bist du also!» und lacht ihn aus. Er sagt zum «Engel»: «Sehen Sie, so ist meine Frau!»
Der «Engel» bringt die zwei dazu, dass sie wieder miteinander sprechen. Zum Schluss fallen sie sich um den Hals, und der Mann sagt: «Das müssen wir feiern, kommt alle mit, ich lade euch ein!» «Gut», sagt die Trinkerin, «aber nicht in ein alkoholfreies Restaurant!»

SPIELSALON (5 Mädchen)
Zwei Mädchen spielen die Apparate, ein drittes die Salon-Gerantin, und das vierte die Spielsüchtige.
Das fünfte Mädchen ist die Freundin der Spielsüchtigen. Es kommt herein und kann sie überzeugen, nicht mehr zu spielen: «Komm, wir fahren in die Ferien!»
Die Salon-Wirtin schimpft: «Scheisse, schon wieder eine verloren, die Geld gebracht hat!»

GEFAHR AUF DEM NACHHAUSEWEG (5 Mädchen)
Drei Freundinnen sind nach der Schule auf dem Nachhauseweg. Ein Mann im Auto kommt gefahren, hält an und sagt: «Kommt zu mir, ich hab zu Hause viele Meerschweinchen, das gefällt euch bestimmt, ihr dürft dann eines auswählen.»
Trotz der Einwände der zwei andern geht eines der Mädchen mit.
Am Abend sorgen sich die Eltern, weil ihre Tochter noch nicht zu Hause ist. Die zwei Freundinnen spüren daraufhin den Mann auf und lassen die Luft aus seinen Autopneus. So kann er nicht flüchten.
Sie holen dann ihre Freundin nach Hause.

PAUSENPLATZ (5 Knaben)
Zwei Raucher und zwei Dealer lachen einen Nichtraucher aus.
Sie überreden ihn dann zum Drogenkonsum, zudem soll er ihnen 200 Mäuse (Franken) bezahlen. Die hat er aber nicht.
Ein Freund holt ihn später ab.

LOTTO (5 Knaben)

Ein Mann kauft beim Kiosk drei Lottoscheine und füllt sie aus.
Im Fernsehstudio läuft die Ziehungsmaschine (von drei Knaben sehr witzig dargestellt!). Es kommen die Zahlen: 2–5–28.
Der Mann verliert, gewinnt und verliert wieder.

2. REALKLASSE

MOPED FRISIEREN (einige Knaben)

Dazu muss ich sagen, dass einer der Knaben schon mit der Jugendanwaltschaft zu tun hatte. Es schien, dass er mit Hilfe der anderen Schüler unbewusst seine Geschichte darzustellen versuchte. Die einen waren Mopedfahrer und «rasten» auf Stühlen im Schulzimmer umher, während andere die Polizisten darstellten. Es wurde ein lautes und chaotisches Spiel. Da ich aber ein Engagement spürte, griff ich nicht ein. Vielleicht ist der erwähnte Knabe dadurch sich selbst etwas näher gekommen.

SICH ZERRISSEN FÜHLEN (7 Schülerinnen und Schüler)

Ein Knabe ist in der Mitte, auf jeder Seite locken und zerren drei Schüler.
Eine Seite spricht: «Komm doch, bei uns ist es schön, ich bin deine Freundin, ich liebe dich.» Und die andere Seite lockt: «Komm, ich bin die Sucht, die Droge, hier ist es schön, alle Sorgen kannst du vergessen, es macht dir dann nichts mehr aus, wenn du schlechte Noten hast.»

10. SCHULJAHR

WIR HABEN ALLES IM GRIFF (4 Mädchen)

Das Licht im Raum ist gelöscht, nur eine Kerze brennt, und darum herum auf dem Boden sitzen drei Mädchen. Sie trinken, kiffen und hören Walkman. Sie lästern dabei über das Leben, die Schule und die Arbeit.

Ein Mädchen kommt dazu und fragt: «Was tut ihr da?» – «Wir haben es gut, nimm doch auch einen Joint!» – «Nein.» – Und dann erzählt sie von anderen jungen Menschen, die süchtig und später krank wurden, eine Entziehungskur machen mussten etc. Sie möchte ihnen gerne deutlich machen, dass sie bereits süchtig sind. Aber die drei finden zum Schluss: «Wir sind doch nicht süchtig. Wir haben alles im Griff!»

DEALER (3 Mädchen)
Der Dealer verführt das eine Mädchen zum Drogenkonsum. Ihre Freundin bemüht sich, sie vom Heroin abzubringen. Als sie damit Erfolg hat, entfernt sich der Dealer fluchend.

VERFÜHRUNG MIT DROGEN (6 Mädchen)
Wie immer hatte ich auch diesen Schülerinnen die Anweisung gegeben, sich für das Spiel zu dritt oder zu viert zusammenzufinden. Diese Gruppe wollte jedoch zu sechst bleiben, kein Mädchen war bereit, noch zur Dreiergruppe zu wechseln, denn dort waren offensichtlich die zwei «Ausgestossenen» dabei: ein etwas korpulentes Mädchen und ein «braves» (das einzige mit Rock und Zopf) zusammen mit einem fürsorglichen Mädchen in der Helferrolle. Ich machte sie darauf aufmerksam, dass ein Spiel zu sechst schwierig sei, was sich dann auch bestätigen sollte. Es entstand ein sehr chaotisches Spiel. Einzelne «versteckten» sich im Chaos, und es war unmöglich, ihre Worte zu verstehen.

VERLIEBT IN EIN SEKTENMITGLIED (4 Mädchen)
Drei Mädchen sitzen am Boden und plaudern. Das eine ist verliebt in einen schönen jungen Mann. Die zwei anderen aber wissen, dass er einer Sekte angehört und wollen ihr von dieser Beziehung abraten. Der junge Mann kommt dann und führt das Mädchen aus.
Am nächsten Tag treffen sich die Mädchen wieder. Das verliebte Mädchen hat jetzt ihre sonst offenen Haare hinten zusammengebunden und trägt einen Rock.
Die andern sind erstaunt über diese plötzliche Veränderung und fragen ihre Freundin darüber aus. Sie sagt: «Er will es so!» Die zwei

Freundinnen machen ihr dann bewusst, wie abhängig und unselbständig sie schon ist. Daraufhin öffnet sie ihre Haare wieder und verhält sich so wie früher. Als der Freund kommt und sie so sieht, ist er entsetzt und geht nach einer kurzen Auseinandersetzung verärgert weg.

VIETNAMKRIEG (4 Knaben)
(Im Raum ist es dunkel, nur die Kerze brennt – und das Feuer im Ofen flackert.)
Drei Freunde kommen herein und «kriegerlen». Spielerisch schlagen sie auf ihren Kollegen ein und machen ihm lachend eine «Herzmassage». Das tun sie so lange, bis sie feststellen, dass er wirklich tot ist. Erschreckt und verzweifelt beklagen sie den Toten. Ein Kamerad kommt und fragt sie nach dem Grund ihrer Verzweiflung. Er meint dann: «Deshalb sollt ihr nicht betrübt sein, wir alle haben Menschen getötet, nehmt doch – hier! – Heroin, dann vergesst ihr alles. Wir müssen vergessen können!»

LEHRLINGE

Die Lehrlinge waren im spontanen Ausdruck deutlich gehemmter als jüngere Schülerinnen und Schüler. Laut ihren eigenen Angaben hätten sie sich, anstatt zu spielen, gerne in Lebensfragen vertieft.

MACHOS MÜSSEN RAUCHEN (4 Lehrlinge)
Der Raucher prahlt damit, dass ihm die Frauen nur so zufliegen.
Die anderen imitieren ihn und rauchen auch – haben aber keinen Erfolg.

DER WEISE (4 Lehrtöchter)
Die älteste von drei Schwestern geht zu einem alten Weisen und bittet ihn: «Mach mich reich und weise.» Er sagt: «Ja, aber dafür musst du deine beiden Schwestern opfern.»
Nach einiger Zeit kommt die Älteste wieder zum Weisen. Sie ist ganz traurig und bittet ihn: «Ich möchte meine Schwestern wieder

haben, ich bin so allein.» Er sagt: «Ja, aber dann bist du nicht mehr reich und weise.»

(KEIN SPIEL)
Drei junge Männer diskutierten darüber, wie Menschen der eigenen Karriere zuliebe anderen Schaden zufügen.
Aus der Diskussion entstand dann aber kein Spiel.

Auch vier junge Frauen spielten nicht. Sie diskutierten darüber, was Sucht überhaupt sei. Da sie darüber geteilter Meinung waren, konnten sie in dieser kurzen Zeit kein gemeinsames Thema für ein Spiel finden.

ERFAHRUNGEN IN EINER FRAUENGRUPPE

Eine Kursteilnehmerin aus St.Gallen schickte mir liebenswürdigerweise einen Bericht über ihre Arbeit mit dem Märchen *Die Träne des Raben.*
Eine Gruppe Frauen trifft sich mit mir etwa monatlich, um den Religionsunterricht in der 4. Klasse (es geht dabei um die Hinführung zum «Buss-Sakrament») zu begleiten und um sich selbst mit Fragen von «Sünde», Schuld, Umkehr, Schatten usw. zu beschäftigen. Seit einigen Monaten setzt sich diese Gruppe zudem recht intensiv mit dem «Schatten» in personifizierter Form – dem Teufel – auseinander.

In dieser Gruppe gestaltete ich einen Abend mit dem Walliser Märchen vom Teufel, der an der Wegkreuzung den Studenten seine Kunststücke zeigt.
Nach einem meditativen Einstieg erzählte ich aus der Erinnerung das Märchen – und bat die Frauen dann, sich auf ein Spiel einzulassen: Die Stadtväter jener Stadt, in deren Nähe die Wegkreuzung liegt, überlegen, wie man mit jenem Ort verfahren solle, an dem immer wieder junge Menschen aus der Stadt dem Teufel verfallen. Diesen Stadtvätern sollten die Gruppenmitglieder einen Brief schreiben, in

dem sie ihre Standpunkte darlegen und den Parlamentariern ihre Wünsche mitteilen sollten.
Im zweiten Teil des Spiels versuchten wir, uns in der Gruppe als «Stadtväter» mit den bei uns eingegangenen Briefen zu beschäftigen und nach einer gemeinsamen Meinung zu suchen.
Dieses Spiel war für mich deshalb interessant, weil es die Spiele der SchülerInnen ergänzte und die verschiedenen Akzente der beiden Altersgruppen recht gut auf den Punkt brachte.
Waren die Schüler grundsätzlich zu einer fast selbstverständlichen Akzeptanz der Situation bereit, versuchten die Erwachsenen auf verschiedene Weise, den problematischen Ort zu entschärfen («Es darf doch nicht sein, dass wir einfach tatenlos zusehen.»). G.Sch.

Die Leiterin dieser Gruppe legte noch zwei der Briefe an die Stadtväter bei. Den einen möchte ich Ihnen nicht vorenthalten:

Sehr geehrte Damen und Herren,
ich möchte heute Stellung nehmen zu dem von Ihnen geplanten Projekt «Räumung der Teufelskreuzung».

Ich bin mir bewusst, wieviel Leid diese Kreuzung und die dort verkehrenden Individuen in unserer Stadt verursacht haben: Kaum eine Familie, die nicht den Verlust eines Kindes zu betrauern hätte. Andererseits scheint es mir doch eine übereilte Aktion zu sein, die von wenig Menschenkenntnis zeugt, diese Kreuzung nun einfach für den Personenverkehr zu schliessen. Immerhin gehört diese Kreuzung doch schon seit Generationen zu unserer Stadt.
Es war bis anhin gut zu wissen, wo der Teufel hockt – und wovor genau man die Kinder warnen konnte. Ohne diese Kreuzung werden die Studenten weiter nach einem teuflischen Lehrmeister suchen, um die neuesten Tricks zu lernen – nur: wissen wir, wo das sein wird?
Glauben Sie wirklich, die Neugier und die Sehnsucht nach dem ganz anderen in unserer Jugend dadurch zu stillen, dass Sie ihnen den dazugehörigen Boden unter den Füssen wegziehen?
Nein, was hilft, ist, mit unseren Kindern schon früh zu lernen, wie sich Raben voneinander unterscheiden, was hilft, ist, dafür zu sorgen,

dass sich keiner ohne Freund auf den Weg machen muss; und was hilft, ist zu lernen, dass das Leid zu unserem Leben dazugehört. Wer das Leid leugnet, braucht (falsche) Sicherheiten, um jedes Risiko auszuschalten – ohne Risiko gibt es kein Leben!
(Für den 12. Studenten nicht – und auch nicht für die 11 anderen.)

Gedicht eines Schülers der 2. Realklasse (14 Jahre)

Der Reiz ist grösser als die Angst.
Der kauft, der leidet, der gewinnt
der verkauft, .
Man nimmt einmal und immer.
Man kommt nicht mehr los.
Man spielt mit dem Leben.
Man wird schwächer.
Man stirbt langsam.

3. TEIL

MÄRCHENTEXTE UND KOMMENTARE

Die Kommentare zu den Märchen sind keinesfalls als umfassende Interpretationen zu verstehen, sondern sie sind das Resultat der «suchtpräventiven» Märchenstunden. Dabei sollen die Hinweise auf das Thema Sucht oder Suchtprävention zur persönlichen Bewusstwerdung und Vertiefung anregen. Einige Märchenmotive, zu denen immer wieder Fragen gestellt werden, sind ausführlicher beschrieben und durch allgemeine Symbolerläuterungen ergänzt.

ROTKÄPPCHENS SCHWESTER

«Ein Weg ist sicher, wie wir aus Märchen und Mythen wissen, der Versuch, die täuschende Maske des Bösen zu durchschauen, um den Versuchermächten durch wahre Erkenntnis und klares Urteil entgegenzutreten.»[25]

25 Olaf Koob: Drogensprechstunde, Urachhaus.

DIE FALSCHE GROSSMUTTER

Es war einmal eine Frau, die wollte ihr Korn sieben. Nun hatte sie aber kein Kornsieb, und deshalb sagte sie zu ihrer kleinen Tochter:
«Geh zur Grossmutter und leih dir das Kornsieb!»
Das Mädchen nahm das Körbchen mit dem Vesperbrot: Brezeln und Brot mit Öl, und machte sich auf den Weg.

Es ging und ging und kam an einen Fluss.
«Fluss, lässt du mich wohl hindurch?»
«Ja, wenn du mir deine Brezeln gibst!» Der Fluss war nämlich sehr naschhaft und besonders begierig nach Brezeln, mit denen seine Wellen spielen konnten. Das Mädchen warf nun die Brezeln in den Fluss, und sogleich hielt der seine Wasser an, und das Mädchen konnte trockenen Fusses hinübergehen.

Das Mädchen ging weiter und kam zu einem Tor. Da sagte es:
«Tor, lässt du mich hindurchgehen?»
«Ja, wenn du mir dein Brot mit Öl gibst.» Seine Angeln waren nämlich schon sehr rostig, und mit dem Öl wollte es die schmieren.
Das Mädchen gab dem Tor das Brot mit dem Öl, und da tat sich das Tor auf, und das Mädchen konnte hindurchgehen.
So ging es weiter und kam endlich zum Haus der Grossmutter, aber die Türe war zugesperrt.
«Grossmutter», rief das Mädchen, «Grossmutter, komm und sperr mir auf!»
«Ich liege krank im Bett. Steig durchs Fenster!»
«Da komme ich nicht hinauf.»
«Dann krieche durch das Katzenloch!»
«Das ist zu klein, da komme ich nicht hindurch.»
«Dann warte ein wenig!» Sie nahm ein Seil und warf das zum Fenster hinunter. Das Mädchen kletterte an dem Seil hinauf

und gelangte so ins Zimmer der Grossmutter. Im Zimmer aber war es ganz dunkel, denn im Zimmer war nicht die Grossmutter, sondern die Menschenfresserin, die hatte die Grossmutter verschlungen, nur die Zähne und Ohren hatte sie übriggelassen, um sie auf dem Feuer zu kochen und zu backen.
Das Mädchen aber sagte: «Grossmutter, ich bin gekommen, um das Kornsieb auszuleihen.»
«Heute ist es schon zu spät. Ich werde es dir morgen geben. Komm zu mir ins Bett!»
Das Mädchen aber sagte: «Grossmutter, ich habe so Hunger. Ich möchte erst nachtessen.»
«Dann geh zum Herd. Dort kochen einige Bohnen; die kannst du essen.»
Das Mädchen suchte im Dunkeln und fand auf dem Herd die Zähne der Grossmutter. Die hielt es für die Bohnen. Es rührte mit einem Löffel darin um und sagte:
«Grossmutter, die Bohnen sind noch nicht gar.»
«Dann iss das Gebackene, das daneben in der Pfanne steht!»
Das Mädchen drehte die Ohren mit einer Gabel um und sagte:
«Grossmutter, das Backfleisch ist noch nicht knusprig.»
«Dann komm ins Bett! Du kannst morgen essen!»
Dann kam das Mädchen zum Bett und berührte die Hand der Grossmutter und sagte:
«Grossmutter, warum hast du eine so haarige Hand?»
«Das kommt von den vielen Ringen, die ich an den Fingern getragen habe.»
Und das Mädchen berührte den Hals.
«Grossmutter, warum hast du einen so haarigen Hals?»
«Das kommt von den vielen Halsketten, die ich getragen habe.»
Da berührte das Mädchen die Seite.
«Grossmutter, warum hast du eine so haarige Seite?»
«Das kommt von dem engen Korsett, das ich getragen habe.»
Da berührte das Mädchen den Schwanz, und haarig oder nicht, einen Schwanz hatte die Grossmutter nie im Leben gehabt! Das konnte nicht die Grossmutter sein! Sicher war es eine Menschenfresserin!

Da sagte das Mädchen:
«Grossmutter, ich kann noch nicht ins Bett gehen, ich muss erst noch ein Bedürfnis verrichten.»
«Dann geh und mach das im Stall! Ich werde dich am Seil hinunterlassen und dich dann wieder heraufziehen.» Und damit schlang sie dem Mädchen das Seil um die Hüfte. Aber kaum war das Mädchen unten im Stall, band es sich los und wickelte das Seil um die Ziege.
«Bist du noch nicht fertig?» fragte die Menschenfresserin.
«Warte noch ein wenig!» entgegnete das Mädchen und öffnete leise die Stalltüre. «So, jetzt ziehe mich auf!»
Die Menschenfresserin zog und zog, das Mädchen aber lief davon und schrie:
«Haarige Menschenfresserin, haarige Menschenfresserin!»
Die Alte aber zog, bis sie die Ziege in ihren Klauen hatte. Da merkte sie, dass sie angeführt worden war, und sprang mit einem Satz aus dem Bett.
«Ich werde dich schon erwischen!» dachte sie bei sich und begann, hinter dem Mädchen herzulaufen. Als sie sich dem Tor näherten, schrie die Alte schon von weitem: «Tor, lass das Mädchen nicht hindurch!»
Aber das Tor antwortete:
«Aber ja! Freilich lass ich es durch, denn es hat mir das Brot mit Öl gegeben.»
Und so konnte das Mädchen weiterlaufen, und die Menschenfresserin, der schon die Zunge zum Hals heraushing, rannte weiter hinter ihm her. So näherten sie sich dem Fluss.
«Fluss», schrie die Alte, «Fluss, lass das Mädchen nicht hindurch!»
Doch der Fluss antwortete:
«Aber ja! Freilich lasse ich es hindurch, denn es hat mir seine Brezeln gegeben.»
Und gleich hielt der Fluss seine Wasser an, und das Mädchen konnte trockenen Fusses hindurchgehen. Als jedoch die Menschenfresserin hinterhersprang, liess der Fluss plötzlich ein gewaltiges Hochwasser kommen, das die Alte mitriss.

Das Mädchen aber blieb am Ufer zurück und machte ihr eine lange Nase.
Märchen aus Italien[26]

VERTRAUENSVOLL DEN EIGENEN WEG GEHEN

Die Mutter bittet ihre Tochter, bei der Grossmutter ein Sieb zu holen und gibt ihr eine Wegzehrung mit auf den Weg. Die Wegzehrung ist symbolisch als seelische Stärkung, als Vertrauen zu verstehen.
Wir merken bald, dass im Märchen kein alltäglicher Weg gemeint sein kann, denn das Mädchen unterhält sich mit dem Fluss. Und da beginnt die Zauberwelt.
Das Kind symbolisiert auch einen noch jungen Seelenanteil von uns Erwachsenen. Denn nur das Kind in uns ist fähig, den Lebensweg so entschlossen und vorurteilslos zu gehen wie diese Märchenheldin.

DIE GRENZE WIRD ÜBERSCHRITTEN

Der Fluss stellt allgemein den Lebensfluss dar, sein Wasser fliesst stetig und überwindet alle Hindernisse. Zudem stellt er hier eine Grenze dar, die mit eigener Kraft überschritten werden muss, denn eine Brücke gibt es nicht. Fehlt die dazu nötige Kraft, bleibt das neue Land verschlossen. Unsere Heldin hat von ihrer Mutter aber genügend «Energie» und Vertrauen mit auf den Weg bekommen. Deshalb kann sie auch dem Fluss vertrauen und sich ihm (dieser Naturgewalt) hingeben, es scheint in seiner Zielgerichtetheit keine Angst zu haben, vom Wasser fortgerissen zu werden.
Der Fluss hält seine Wasser an, bildlich ist dieses Anhalten wie ein willensstarkes Innehalten des sonst Fliessenden (der Gefühle, der Lust). Auch das Mädchen kann die Lust auf Brezeln «anhalten».
Vielen Kindern fehlt die Erfahrung eines solchen Verzichts, weil

26 Italienische Volksmärchen, Eugen Diederichs Verlag, 1973, leicht abgeändert.

ihnen von den Erwachsenen immer und überall Brücken gebaut werden. Dadurch haben sie wenig Möglichkeit, ihre eigene Kraft zu spüren und genügend Selbstvertrauen zu entwickeln.
In einer ersten Klasse haben zehn von 15 Schülern den Fluss mit dem Kind und den Brezeln gezeichnet. Spielen ist für diese Schüler noch ein Grundbedürfnis, und es scheint für sie ganz natürlich zu sein, dass Wellen sich freuen können.

DAS TOR ÖFFNET SICH

Auf seinem Weg kommt das Mädchen erneut zu einem Hindernis, zu einem verschlossenen Tor[27]. Das Mädchen fragt wieder ganz selbstverständlich: «Tor, lässt du mich hindurch?» Ja sicher will es sich öffnen, wenn das Mädchen ihm das Brot mit dem Öl gibt. Und so gibt es alles dem Tor, obwohl es nachher nichts mehr zum Beissen hat. Es hat wohl Vertrauen, dass schon alles gut wird.

EIN UNGEWOHNTER WEG

Endlich kommt das Mädchen zum Haus der Grossmutter. Aber die Türe ist fest verschlossen. Das ist neu, und um trotzdem zur Grossmutter zu gelangen, muss es mit der neuen Situation fertigwerden. Es ist zu klein, um durchs Fenster zu steigen, zu gross, um durch das Katzenloch zu kriechen.
«Ich liege krank im Bett. Steig durchs Fenster!»
«Da komme ich nicht hinauf.»
«Dann krieche durchs Katzenloch!»
«Das ist zu klein, da komme ich nicht durch.»
Diesen Dialog lieben die Kinder sehr! So fühlen sie sich wahrscheinlich gegenüber Erwachsenen und der Welt.
Das Mädchen klettert nun wie selbstverständlich am Seil hinauf.

---

27 Vergl. *Die drei Pomeranzen*, Märchen von Müttern und Töchtern, Fischer TB 11667. Dieses Märchen eignet sich auch sehr gut für Vorschulkinder.

DIE DUNKLE SEITE DES LEBENS

Am Seil ist das Mädchen ins dunkle Zimmer der Grossmutter gelangt. Wie auch seine Schwester Rotkäppchen, begegnet das Mädchen jetzt nicht der vertrauten lieben Grossmutter, sondern dem Dunklen. Psychologisch gesehen gelangt es in den Bereich des schrecklichen und verschlingenden Aspektes der Grossen Mutter.
Jedes Kind erlebt durch die persönliche Mutter die überpersönliche Mutter, die Mutter Natur, die Grosse Mutter.
Die Natur ist nicht nur fruchtbringend und schön, sie kann erschreckend und tödlich sein: Erdbeben, Unwetter, schreckliche Krankheiten, giftige Tiere und Pflanzen und ein plötzlicher Tod sind auch «natürlich».
Märchen erzählen in vielen Varianten von der Auseinandersetzung mit der Grossen Mutter, von ihrer Überwindung und von der Initiation ins Leben, die in jeder Lebensphase immer wieder notwendig ist.

Dass nun die liebe Grossmutter krank im Bett liegt, bedeutet, dass die Zeit, in der die Mutter selbstverständlich und natürlicherweise für das Kind da war, vorbei ist.
In jeder Mutter-Kind-Beziehung kann:
- Geborgenheit zur Enge,
- Fürsorge zur Überbehütung werden,
- Verwöhnung verschlingend sein,
- Aufmerksamkeit rund um die Uhr Unfreiheit bewirken,
- Hilfe ein verdrängter Machtanspruch sein.

Viele Märchen, die bei Kindern sehr beliebt sind, erzählen von dieser natürlichen Veränderung im Leben.

Auch Hänsel und Gretel erleben bei der Hexe zuerst paradiesische Verwöhnung und fühlen sich wie im Himmel. Aber bereits am nächsten Morgen kehrt sich alles. Die Hexe bereitet alles darauf vor, um die Kinder fressen zu können. Auch die Mutter Natur holt sich ihre ‹Kinder› wieder zurück, sie verleibt sie sich wieder ein.

Und so stellt die Hexe den unbewussten Anteil in jeder Mutter dar, der die Kinder am liebsten aus Liebe «fressen» und nicht auf den eigenen Lebensweg entlassen möchte.
Gretel bekommt ungeniessbare Krebsschalen und unsere Heldin harte Bohnen/Zähne und zähes Fleisch/Ohren. Beide erfahren so, dass es hier nichts Nährendes mehr gibt. Sie werden also nicht (mehr) mit den Süssigkeiten des Lebens (Brothäuschen mit Kuchendach und Zuckerscheiben) verwöhnt und dadurch vom eigenen Lebensweg zurückgehalten.

AUF DER BETTKANTE DER MENSCHENFRESSERIN

Das Mädchen setzt sich zur vermeintlichen Grossmutter, stellt drei Fragen und erhält auch dreimal eine Antwort. Um sich die allerletzte Gewissheit zu verschaffen, tastet es weiter und berührt den haarigen Schwanz.

Die Menschenfresserin ist, wie der sprechende Wolf im Rotkäppchen, eine mythische Figur. Die Grosse Mutter zeigt sich dem Mädchen jetzt von der dunklen und tierischen Seite – am Platz der lieben Grossmutter liegt jetzt die Menschenfresserin (Todesaspekt), und sie lässt sich vom Mädchen berühren. Sie ist nicht an sich destruktiv, sonst würde sie das Mädchen sofort packen und fressen.
Das Mädchen frägt nicht: «Grossmutter, weshalb hast du einen haarigen Schwanz?» Es kann erkennen, sich klug zurückhalten und die Spannung ertragen. Es kann auf weitere Fragen (und Antworten!) verzichten und weiss, wann es Zeit ist zum Handeln.

Die Fähigkeiten dieser Märchenheldin muss sich jeder Suchtkranke aneignen, wenn er sich von seiner Sucht befreien möchte.
- Erkennen, dass die Menschenfresserin gefährlich ist. Im übertragenen Sinn erkennen, dass das Verharren in der Sucht eine Gefahr für die Entwicklung der Persönlichkeit darstellt.
- Erkennen, dass die «liebe Grossmutter» nicht mehr da ist. Das

bedeutet, die Sehnsucht und den Wunsch aufzugeben, dass jemand (Mutter, Staat, Partner/in) für einen sorgt.
- Der eigenen Wahrnehmung vertrauen.
- Sich zurückhalten und Spannung ertragen.
- Spontanes, kreatives und mutiges Handeln.

So kann die Geschichte von Rotkäppchen ein Trost sein für alle, die eine schwere dunkle Zeit erleben oder von ihrer Sucht immer wieder gepackt werden. Das italienische Märchen gibt Mut, der eigenen Wahrnehmung zu vertrauen und eigenständig zu handeln.

DIE INITIATION

Die Menschenfresserin bindet dem Mädchen den Strick um den Bauch. Spätestens jetzt könnte sie das Mädchen packen und fressen. Dass sie es nicht tut, gehört zum Wesen der Grossen Mutter: sie selber lässt dem Mädchen die Möglichkeit, ihr zu entkommen.

Ähnlich zeigt sich die Hexe in *Hänsel und Gretel.* Nur weil sie selber ihren Kopf in den Ofen steckt, kann Gretel sie beherzt ins Feuer stossen und verbrennen. Verbrennen heisst hier überwinden, wandeln.

Wie Gretel hat unsere Heldin das Schrecklichste erkannt und gelangt – mit Hilfe der Menschenfresserin selbst – in den Stall. Der Stall ist ein mütterlicher Ort, dort gibt es Milch, und es ist warm. Im Stall steht eine Ziege. Sie ist Symbol für unbewusste Mütterlichkeit im positiven Sinn, für Instinkt.
Eine Kursteilnehmerin verstand das Seil auch als Bild für die Nabelschnur, mit der das Mädchen noch mit der Mutter verbunden ist und jetzt die Möglichkeit wahrnimmt, sich abzunabeln. Jedenfalls wird dem Mädchen seine eigene innere Kraft bewusst. Es kann mit der Situation und dem Verfügbaren kreativ umgehen. Nie haben wir das Gefühl, dass es zaudert. Rotkäppchen hingegen dachte: Ei, du mein Gott, wie ängstlich wird mir's heute zumut ...

Unsere Heldin hingegen wird nach dieser Erfahrung auch mit den schrecklichen Seiten des Lebens gut zurechtkommen, sie hat eine Initiation erfahren.
So gesehen können auch wir mit Märchen wenigstens innerlich die heute fehlenden und stärkenden Rituale erleben und auch beim freien Rollenspiel (vergl. entsprechendes Kapitel) sinnlich erfahren.

DIE BEFREIUNG

Bei der Flucht aus dem Stall ruft das Mädchen keck: «Haarige Menschenfresserin, haarige Menschenfresserin!» Diese zieht am Seil und entdeckt, dass sie übertölpelt worden ist. Aber sie gibt noch nicht auf und rennt dem Mädchen hinterher. Jetzt muss sich das Mädchen noch einmal bewähren. Es erlebt, dass Tor und Fluss wie zu ihm gehören und helfen.
Hier höre ich oft: *«Gibt man etwas her, kommt etwas zurück.»* Würde dies zutreffen, wäre das Leben berechenbar. Heldin und Held im Märchen kennen jedoch keine berechnende Haltung (im Gegensatz zu ihren älteren Geschwistern). Unser Mädchen gibt Brezeln und Brot spontan her, es gibt mit dem Herzen, nicht mit dem Kopf. Seine Bereitschaft, sich ganz einzulassen, haben ihm Tür und Tor für ein Leben in Freiheit geöffnet.

UND DAS SIEB?

Das Mädchen hat das Sieb nicht nach Hause gebracht, wie es von der Mutter beauftragt wurde. Symbolisch verstanden hat es aber den Wunsch der Mutter erfüllt. Es hat gelernt, Gutes von Bösem, Fruchtbares von Unfruchtbarem zu unterscheiden.
Das Sieb hat im Märchen (vergl. Die Goldkinder) oft eine tiefere Bedeutung: *Was im Sieb zurückbleibt ist rein. Das Sieb hat eine scheidende und reinigende Eigenschaft*[28] ...

---

28 Handwörterbuch des Deutschen Aberglaubens

Das Mädchen hat seinen Auftrag erfüllt, es hat gelernt, zwischen der lieben Grossmutter und der Menschenfresserin zu unterscheiden. Es war eine geistige, eine Lebens-Prüfung, ein Initiationsweg.

SUCHTPRÄVENTION: ES GEHT UM NAHRUNG

Als Impuls für ein Gespräch oder für die spielerische Umsetzung und Vertiefung in einer Selbsthilfegruppe für Menschen mit Essschwierigkeiten – oder in der Einzeltherapie – eignet sich dieses Märchen sehr gut. Denn es geht immer wieder ums Essen (und Verdauen) und entsprechend um den Verzicht:

- Korn ist ein Grundnahrungsmittel,
- Vesperbrot: Brezeln und Brot mit Öl,
- der Fluss ist naschhaft,
- das Mädchen gibt «seine» Brezeln dem Fluss,
- es gibt «sein» Brot dem Tor,
- «Grossmutter, ich habe solchen Hunger»,
- die Menschenfresserin hat die Grossmutter verschlungen,
- es soll die Bohnen/Zähne essen, die sind zu hart,
- es soll Gebackenes/Ohren essen, die sind zu zäh,
- «du kannst morgen essen», sagt die Menschenfresserin,
- «ich muss erst noch ein Bedürfnis verrichten».

Im Märchen bedeutet Essen vor allem auch seelische und geistige Nahrung. Das Mädchen hat, wie wir gesehen haben, von seiner Mutter genügend und vor allem die richtige Nahrung auf seinen Weg mitbekommen.

Ist Rotkäppchen vielleicht vom Wolf verschlungen worden, weil es für sich selbst keine Nahrung auf seinen Lebens-Weg mitbekommen hat? Denn Wein, Kuchen und Blumenstrauss waren für die Grossmutter bestimmt. Vielleicht hat Rotkäppchen gelernt, immer zuerst für andere besorgt zu sein und dabei nicht auf sich selbst zu achten.

«SO BIST DU UNSER KIND NICHT MEHR»

«Und dann eben die Warnung, das Rote, habe ich nicht ernst genommen oder habe es überhaupt nicht wahrgenommen.»

Thomas von der therapeutischen Wohngemeinschaft

FRAU TRUDE

Es war einmal ein kleines Mädchen, das war eigensinnig und vorwitzig, und wenn ihm seine Eltern etwas sagten, so gehorchte es nicht – wie konnte es dem gut gehen?

Eines Tages sagte es zu seinen Eltern:
«Ich habe so viel von der Frau Trude gehört, ich will einmal zu ihr hingehen; die Leute sagen, es sehe so wunderlich bei ihr aus, und erzählen, es seien so seltsame Dinge in ihrem Hause, da bin ich ganz neugierig geworden.»

Die Eltern verboten es ihr streng und sagten:
«Die Frau Trude ist eine böse Frau, die gottlose Dinge treibt, und wenn du zu ihr hingehst, so bist du unser Kind nicht mehr.»

Aber das Mädchen kehrte sich nicht an das Verbot ihrer Eltern und ging doch zu der Frau Trude. Und als es zu ihr kam, fragte die Frau Trude:
«Warum bist du so bleich?»
«Ach», antwortete es und zitterte am ganzen Leibe, «ich habe mich so erschrocken über das, was ich gesehen habe.»
«Was hast du denn gesehen?»
«Ich sah auf Eurer Stiege einen schwarzen Mann.»
«Das war ein Köhler.»
«Dann sah ich einen grünen Mann.»
«Das war ein Metzger.»
«Ach, Frau Trude, mir grauste, ich sah durchs Fenster und sah Euch nicht, wohl aber den Teufel mit feurigem Kopf.»
«Oho», sagte sie, «so hast du die Hexe in ihrem rechten Schmuck gesehen. Ich habe schon lange auf dich gewartet und nach dir verlangt, du sollst mir leuchten.»

Da verwandelte sie das Mädchen in einen Holzblock und warf ihn ins Feuer. Und als er in voller Glut war, setzte sie sich daneben, wärmte sich daran und sprach:
«Das leuchtet einmal hell!» Brüder Grimm[29]

Nach dem Erzählen dieses Märchens herrscht meist langes Schweigen, und die erste Reaktion darauf ist: *Das ist noch nicht fertig erzählt.* Wir sind nicht an Märchen mit schlechtem Ausgang gewöhnt. Die Direktheit und Einfachheit der Erzählung löst eine lebhafte Diskussion über den Umgang mit Angst und Faszination aus.

DROHUNG ODER BEFÜRCHTUNG?

Als die Eltern sagten: Da darfst du nicht hingehen, da war mir schon klar, dass das Mädchen doch hingehen würde. So ist es im Leben auch: Wenn etwas verboten wird, wird es trotzdem gemacht. Logisch, sagte ein Jugendlicher.
Maria, eine drogenerfahrene junge Frau, meinte: *Es ist geheimnisvoll, weil die Eltern nicht darüber reden, es ist einfach schlecht. Das macht doch neugierig, was ist denn daran schlecht? Das würde mich auch sehr wunder nehmen, ich möchte das sehen. Es ist ein Verbot, das ich nicht verstehe – wie soll ich das einhalten?*

Ist für diese Eltern grundsätzlich alles Fremde und Nicht-Vertraute bedrohlich? Wissen sie, was bei Frau Trude vorgeht, sehen sie vielleicht ihre eigenen unbewussten dunklen Seiten in Frau Trude verkörpert und sagen: Wir sind gut und fromm, Frau Trude ist gottlos und böse.

29 Kinder- und Hausmärchen (KHM). Gesammelt durch die Brüder Grimm. Manesse Verlag Zürich, 1. Band, 1986.

Der Satz *«So bist du unser Kind nicht mehr»* kann auch die Befürchtung der Eltern – *unser Kind wird nicht mehr zurückkehren* – ausdrücken. Aus diesem Grund ist es wichtig, dass wir ihn beim Erzählen nicht drohend betonen. Ein Sechstklässler sagte: *Die Eltern haben ja recht gehabt, es ist nicht zurückgekommen.* Das Mädchen ist, wie die Geschichte zeigt, noch zu unerfahren und zu klein, um der Frau Trude zu begegnen.

Im Fall von Frau Trude ist es eine Art kindlicher Neugier, ein Mangel an Respekt vor den Mächten des Bösen, der die Türe zu ihnen öffnet ... In vielen Geschichten, die über die ganze Welt verbreitet sind, ist es eine Art kindlichen Wagemuts, der nichts mit Mut zu tun hat, sondern nur so aussieht. Es ist eine Art kindlicher Unbewusstheit oder Mangel an Respekt, ein allgemeiner Zug, wodurch ein Mensch plötzlich in den Bereich des Archetyp des Bösen hineingerät.[30]

Das Mädchen hat lediglich von den Leuten gehört, es würde bei Frau Trude so wunderlich aussehen und es seien in ihrem Haus so seltsame Dinge. Es weiss also nicht, was es dort vorfinden wird. Deshalb müsste es vorsichtiger sein.

DIE NEUGIERDE WAR STÄRKER ALS DIE ANGST

Es ist wie magnetisch, sie hat wenig Angst, die Neugierde ist grösser als die Angst, meinte ein Sechstklässer spontan und hat damit Wesentliches erfasst. Neugierde verbindet uns mit dem Leben. Angst ist ein Signal, eine Warnung, die ernst genommen werden will und uns veranlassen soll, innezuhalten und die Folgen zu bedenken. Das Mädchen ging aber trotz seiner Angst weiter. *Die Angst übergehen, alles in den Wind schlagen, die eigenen Widerstände in den Wind schlagen, das kenne ich gut,* sagte Maria aus der therapeutischen Wohngemeinschaft.

Seltsam, dass es von den andern gehört hatte, dass es dort so seltsam

30 Marie-Louise von Franz: Der Schatten und das Böse im Märchen, Bonz Verlag, Seite 161.

zugehe. Wenn die auch dort gewesen wären, wären sie ja auch verbrannt. Das ist unheimlich, meinte ein Sechstklässler.
Eine Schülerin: *Ihre Neugierde war so gross, dass sie, obwohl sie die drei Männer sah, weitergegangen ist. Obwohl sie schon drei Warnungen erfuhr.*

Die meisten Schüler und Schülerinnen konnten nicht verstehen, weshalb das Mädchen weiterging, obwohl es Angst hatte.

DIE SUCHE NACH DEM GLÜCK

Thomas, einen jungen Mann aus der therapeutischen Wohngemeinschaft, beschäftigten diese Männer: *Ich sehe auch die Männer auf der Treppe, nur den roten, die andern weiss ich noch nicht so recht, was sie bedeuten könnten. Aber die rote Farbe ist doch auch in der Natur «Halt! Stop!», wie beim Fliegenpilz. Und dann schaut das Mädchen durchs Fenster und sieht den Teufel, ja, den kann man gleichsetzen mit dem Gift. Aber es zieht mich, ich muss gehen, es fasziniert mich, ich kann es nicht lassen, muss wissen, was es ist. Und nachher reut es mich.*
Grün – mit dem Schwarz weiss ich noch nichts anzufangen – aber grün ist für mich die Farbe der Hoffnung. Auf dem Weg der Neugierde, also, als ich selber eingestiegen bin (in den Drogenkonsum), *da hatte ich auch Hoffnung, Hoffnung auf etwas anderes, auf etwas Intensiveres, etwas Schöneres – einfach etwas anderes, nicht diese Gesellschaft – etwas ganz anderes! Und dann eben, die Warnung, das Rote, habe ich nicht ernst genommen oder habe es überhaupt nicht wahrgenommen.*
Reto: *Die Neugierde auf etwas Neues, man sucht das nicht Alltägliche, und es wird einem zum Verhängnis.*
Michael: *Einfach mal weg von zu Hause. Etwas Eigenes, was nur mir allein gehört, wo mir niemand dreinreden kann. Ich hatte die Illusion, das zu finden.*
Alle drei drogenerfahrenen Männer nennen die Neugierde auf et-

was Neues und das Bedürfnis nach besonderen eigenen Erfahrungen als Ursache für den späteren Drogenkonsum.
Ein Schüler der achten Klasse sagte: *Sie musste doch weiter, denn es waren vielleicht harte Prüfungen, Prüfungen, um schliesslich das Glück zu erleben.* Nicht jeder Wagemut bringt Glück. Aber wie können wir wissen, ob Angst uns zur Umkehr mahnt oder ein Zeichen ist, damit wir den zukünftigen Weg wachsamer gehen?

WER IST FRAU TRUDE?

- *Der Teufel, den es gesehen hat.*
- *Die Männer, die es antraf, waren auch diese Frau.*
- *Die Grossen (ein Sechstklässler).*
- *Ein Drogenhändler.*
- *Das ist der Schellenacker (Drogenumschlagplatz in St.Gallen).*
- *Oder der Platzspitz, die kommen auch nicht zu dir, du gehst hin.*

Frau Trude wartet. Ihre Faszination ist unwiderstehlich. Aber sie kommt nicht von selbst zu uns, sie stellt eine Gefahr dar, in die man sich selber begibt. Zudem warnt sie zuvor viermal.
Die vielen Jugendlichen, die Drogen konsumierten, aber nicht süchtig geworden sind, sind vielleicht schon nach dem schwarzen, dem grünen oder dem roten Mann umgekehrt. Oder spätestens, als sie durch das Fenster den Teufel mit feurigem Kopf gesehen haben. Andere gehen trotzdem weiter und begeben sich damit endgültig ins Dämonenland[31]: *Nicht die Probleme, nur die Neugier waren die Triebfeder. Ich wollte am eigenen Leib erfahren, was harte Drogen bewirken ... Nein, Angst hatte ich keine, so wie mir im Leben nie etwas Furcht einflössen konnte.*[32]

31 Walter Scherf: Die Herausforderung des Dämons, Saur Verlag, München, 1987.
32 Marco Schnyder: Drogenfeuer, Zytglogge Verlag.

Ein Schüler fragte: *Aber weshalb ist sie denn hineingegangen, wenn sie den Teufel gesehen hat?*
Darauf gibt es keine Antwort.

DAS MENSCHLICHE IST ERSTARRT

Frau Trude verschlingt nicht, sondern sie lässt das Mädchen (die junge Seele) erstarren, sie verwandelt es in einen Holzblock. Welchem Bild könnte das entsprechen?
- *Erstarrt. Wenn jemand sich selbst aufgibt, z.B. mit helfen.*
- *Ich wärme dann den andern, gehe selber daran kaputt.*
- *Sie ist innerlich tot, willenlos.*
- *Die Hilflosigkeit, die ich immer wieder gespürt habe.*
- *Unbeweglich, willenlos, gefühllos, gefühlstot.*

Für ein Kind ist es gut, vom Märchen zu hören, dass man erstarren kann und dass es überwältigende, dämonische Kräfte gibt. *Aber das tödlich ausgehende Kindermärchen ist nur verständlich und sinnvoll im Gesamt der Auseinandersetzung mit den herausgeforderten Dämonen. Denn Dämonen sind überlistbar und vernichtbar.*[32] Vergleiche die Kindermärchen *Der Wolf und die sieben jungen Geisslein, Rotkäppchen, Die falsche Grossmutter.*

DAS BÖSE ENDE WIRD NICHT AKZEPTIERT

Im Gegensatz zu einem dreizehnjährigen Mädchen, für das diese Geschichte *endlich ein wahres Märchen* war, bereitet der böse Ausgang vielen Schülern und Erwachsenen Mühe.
Frau Trude freut sich am Licht. Päng. Fertig. Normalerweise enden Märchen doch immer gut, zum Beispiel Hänsel und Gretel. Da können sich die Kinder am Schluss befreien, und die böse Hexe ist tot, nicht umgekehrt, schreibt ein anderes Mädchen.

---

33 siehe unter 31.

Ein erwachsener Zuhörer schrieb das Märchen um: *Die Alte schlief beim Feuer ein, ein Funke sprang auf ihr Kleid, und sie musste verbrennen. Ein zweiter heller Funke sprang ... Als dieser Funke zur Erde fiel und verlosch, stand plötzlich das kleine Mädchen da und rieb sich verwundert die Augen. Denn das Haus, in das es gegangen war, stand nicht mehr an seinem Ort, und der Schwarze, der Grüne und der Rote waren verschwunden.*
Vielmehr stand da ein schönes, altes Haus mit einem prächtigen Garten, mit vielen bunten Blumen und Apfelbäumen, und eine freundliche alte Frau winkte dem Mädchen zu.
Das Mädchen aber wandte sich ab und ging still und nachdenklich nach Hause und erzählte niemandem von seinem Erlebnis.

WAS, WENN DER TEUFEL MICH WILL?

«… der Arglist der Welt und der Arglist der Dämonen ist nur derjenige gewachsen, der seine eigene Dunkelheit kennt und im Auge behält.»[34]

34 Hedwig von Beit, Band II, S. 372.

DIE STIEFTOCHTER UND DIE ECHTE TOCHTER

Eine Mutter hatte zwei Töchter, eine eigene und eine Stieftochter. Die eigene Tochter liebte sie, die Stieftochter aber mochte sie nicht leiden.

Eines Tages schickte sie ihre Stieftochter in das Badehaus, den Flachs zu bewachen. Nun hatte die Stieftochter drei Tiere: einen Hund, eine Katze und einen Hahn, die nahm sie zur Gesellschaft mit. Sie ging also in das Badehaus, ass selbst zu Abend und fütterte ihre Tiere; dann bereitete sie sich ein Lager, ebenso ihren Tieren, und darnach legten sie sich alle zur Ruhe.

Sie schliefen und schliefen, da um Mitternacht erschien der Teufel mit solchem Getöse, dass die Erde zitterte und bebte; er polterte an die Tür und rief:
«Mädchen, Mädchen, Mädchen, lass mich ein!»
Sie aber fragte die Tiere:
«Hündchen, Kätzchen, Hähnchen, soll ich ihn einlassen?»
Die antworteten:
«Lass ihn nicht ein, es nimmt ein schlechtes Ende.»
Nach einer Weile lärmte der Teufel wieder:
«Mädchen, Mädchen, Mädchen, lass mich ein!»
Sie fragte die Tiere:
«Hündchen, Kätzchen, Hähnchen, soll ich ihn einlassen?»
Die antworteten:
«Lass ihn nicht ein, es nimmt ein schlechtes Ende.»
Nach einer Weile lärmte der Teufel zum drittenmal:
«Mädchen, Mädchen, Mädchen, lass mich ein!»
Sie fragte die Tiere:
«Hündchen, Kätzchen, Hähnchen, soll ich ihn jetzt einlassen?»
Die antworteten:
«Lass ihn ein!»

Gut, sie liess ihn ein. Der Teufel trat in das Badehaus und befahl gleich wieder:
«Mädchen, Mädchen, Mädchen, fach das Feuer an!»
Aber die Stieftochter fragte die Tiere:
«Hündchen, Kätzchen, Hähnchen, soll ich das Feuer anfachen?» – «Fach es nicht an, es nimmt ein schlechtes Ende.»
Nach einer Weile befahl der Teufel wieder:
«Mädchen, Mädchen, Mädchen, fach das Feuer an!»
Sie fragte:
«Hündchen, Kätzchen, Hähnchen, soll ich es anfachen?»
«Fach es nicht an, es nimmt ein schlechtes Ende.»
Wieder nach einer Weile befahl der Teufel zum drittenmal:
«Mädchen, Mädchen, Mädchen, fach das Feuer an!»
«Hündchen, Kätzchen, Hähnchen, soll ich es jetzt anfachen?»
«Fach es an!»

Gut, sie fachte das Feuer an. Aber als sie das Feuer angefacht hatte, rief der Teufel wieder:
«Mädchen, Mädchen, Mädchen, gib mir zu essen!»
Die Stieftochter fragte die Tiere:
«Hündchen, Kätzchen, Hähnchen, soll ich ihm zu essen geben?»
«Gib nicht – es nimmt ein schlechtes Ende.»
Nach einer Weile rief der Teufel wieder:
«Mädchen, Mädchen, Mädchen, gib mir zu essen!»
Sie fragte:
«Hündchen, Kätzchen, Hähnchen, soll ich ihm zu essen geben?»
«Gib nicht – es nimmt ein schlechtes Ende.»
Nach einer Weile fragte der Teufel zum drittenmal:
«Mädchen, Mädchen, Mädchen, gib mir zu essen!»
«Hündchen, Kätzchen, Hähnchen, soll ich ihm jetzt geben?»
«Gib!»
Gut, sie gab ihm zu essen. Aber als sie ihm zu essen gegeben hatte, rief der Teufel wieder:
«Mädchen, Mädchen, Mädchen, zieh mir die Stiefel ab!»

Sie fragte:
«Hündchen, Kätzchen, Hähnchen, soll ich ihm die Stiefel abziehen?»
«Zieh sie nicht ab, es nimmt ein schlechtes Ende.»
Nach einer Weile rief der Teufel wieder:
«Mädchen, Mädchen, Mädchen, zieh mir die Stiefel ab!»
Sie fragte:
«Hündchen, Kätzchen, Hähnchen, soll ich ihm die Stiefel abziehen?»
«Zieh sie nicht ab, es nimmt ein schlechtes Ende.»
Wieder nach einer Weile rief der Teufel zum drittenmal:
«Mädchen, Mädchen, Mädchen, zieh mir die Stiefel ab!»
Sie fragte:
«Hündchen, Kätzchen, Hähnchen, soll ich sie jetzt abziehen?»
«Zieh sie ab!»

Gut, sie zog die Stiefel ab. Aber als sie die Stiefel abgezogen hatte, rief der Teufel wieder:
«Mädchen, Mädchen, Mädchen, mach mir das Bett!»
Die Stieftochter fragte die Tiere:
«Hündchen, Kätzchen, Hähnchen, soll ich das Bett machen?»
«Mach es nicht, es nimmt ein schlechtes Ende.»
Nach einem Weilchen rief der Teufel wieder:
«Mädchen, Mädchen, Mädchen, mach mir das Bett!»
Sie fragte:
«Hündchen, Kätzchen, Hähnchen, soll ich das Bett machen?»
«Mach es nicht, es nimmt ein schlechtes Ende.»
Wieder nach einer Weile rief der Teufel zum drittenmal:
«Mädchen, Mädchen, Mädchen, mach mir das Bett!»
Sie fragte:
«Hündchen, Kätzchen, Hähnchen, soll ich es jetzt machen?»
«Mach es!»
Gut, sie machte das Bett. Als sie es gemacht hatte, rief der Teufel wieder:
«Mädchen, Mädchen, Mädchen, komm, bei mir schlafen!»
Sie fragte die Tiere:

«Hündchen, Kätzchen, Hähnchen, soll ich bei ihm schlafen gehen?» – «Geh nicht, es nimmt ein schlechtes Ende.»
Nach einem Weilchen rief der Teufel wieder:
«Mädchen, Mädchen, Mädchen, komm, bei mir schlafen.»
Sie fragte:
«Hündchen, Kätzchen, Hähnchen, soll ich bei ihm schlafen gehen?» – «Geh nicht, es nimmt ein schlechtes Ende.»
Nach einer Weile rief der Teufel zum drittenmal:
«Mädchen, Mädchen, Mädchen, komm, bei mir schlafen!»
Sie fragte:
«Hündchen, Kätzchen, Hähnchen, soll ich jetzt bei ihm schlafen gehen?»
«Geh!»

Gut, sie ging bei ihm schlafen. Aber da fing der Teufel an, die Stieftochter zu würgen und zu peinigen. Da schreit die Stieftochter:
«Hündchen, Kätzchen, Hähnchen! Hündchen, Kätzchen, Hähnchen!»
Alsbald bellte das Hündchen, miaute das Kätzchen, krähte das Hähnchen, und der Teufel flog wie ein Bolzen davon und liess seinen Wagen und ein Paar schwarze Rappen mit Geld, Gold und Silber im Stich.

Morgens, als die Stieftochter erwachte, setzte sie sich mit allen drei Tieren in den Wagen und fuhr in eitel Glanz und Pracht zu ihrer Stiefmutter. Als die Stiefmutter all die Kostbarkeiten sah, empfing sie ihre Stieftochter freundlich und fand des Bewirtens und Ehrens kein Ende.

Am nächsten Tag aber schickte die Stiefmutter ihre eigene Tochter, den Flachs zu hüten, und gab ihr auch Hündchen, Kätzchen und Hähnchen mit. Im Badehause angekommen, ass sie selbst zu Abend, aber den Tieren warf sie nur die Rinde hin. Nachdem sie gegessen hatte, machte sie sich selbst das Lager zurecht, nicht aber den Tieren. Dann ging sie zu Bett.

Sie schlief und schlief, da um Mitternacht erschien der Teufel mit solchem Getöse, dass die Erde zitterte, polterte an die Tür und rief:
«Mädchen, Mädchen, Mädchen, lass mich ein!»
Sie fragte die Tiere:
«Hündchen, Kätzchen, Hähnchen, soll ich ihn einlassen?»
Die antworteten:
«Lass ihn ein, du hast uns nicht zu essen gegeben und hast uns kein weiches Lager gemacht.»

Sie öffnete. Der Teufel trat ein und rief wieder:
«Mädchen, Mädchen, Mädchen, fach das Feuer an!»
Sie fragte die Tiere:
«Hündchen, Kätzchen, Hähnchen, soll ich das Feuer anmachen?»
«Fach es an, du hast uns nicht zu essen gegeben und kein weiches Lager gemacht.»

Sie fachte das Feuer an. Als sie es angefacht hatte, rief der Teufel wieder:
«Mädchen, Mädchen, Mädchen, gib mir zu essen!»
Sie fragte die Tiere:
«Hündchen, Kätzchen, Hähnchen, soll ich ihm zu essen geben?»
«Gib, du hast uns nicht zu essen gegeben und kein weiches Lager gemacht.»

Sie gab ihm zu essen. Als der Teufel gegessen hatte, rief er wieder:
«Mädchen, Mädchen, Mädchen, zieh mir die Stiefel ab!»
Sie fragte die Tiere:
«Hündchen, Kätzchen, Hähnchen, soll ich ihm die Stiefel abziehen?»
«Zieh sie ab, du hast uns nicht zu essen gegeben und kein weiches Lager gemacht.»

Sie zog die Stiefel ab. Aber kaum hatte sie sie abgezogen, da rief der Teufel wieder:
«Mach mir das Bett!»
Sie fragte die Tiere:
«Hündchen, Kätzchen, Hähnchen, soll ich ihm das Bett machen?»
«Mach es, du hast uns nicht zu essen gegeben und kein weiches Lager gemacht.»

Sie machte das Bett. Aber kaum hatte sie es gemacht, da rief der Teufel wieder:
«Mädchen, Mädchen, Mädchen, komm bei mir schlafen!»
Sie fragte die Tiere:
«Hündchen, Kätzchen, Hähnchen, soll ich bei ihm schlafen gehen?» – «Geh, du hast uns nicht zu essen gegeben und kein weiches Lager gemacht.»

Sie ging bei ihm schlafen. Aber kaum hatte sie sich recht hingelegt, da fing der Teufel sie zu würgen an. Jetzt schrie sie wohl aus vollem Hals:
«Hündchen, Kätzchen, Hähnchen! Hündchen, Kätzchen, Hähnchen!» Aber die Tiere bellten, miauten und krähten nicht. Und solange peinigte der Teufel die Tochter der Bäuerin, bis die Arme zu einem Aschenhäuflein wurde. Aber die Haut hatte er ihr schon vorher abgezogen und zum Trocknen über den Zaun gelegt.

Als am Morgen die Bäuerin die Haut ihrer Tochter sah, sagte sie: «Schau, schau, wie hübsch mein Töchterchen dort ausschaut, ihre goldenen Tressen hat sie über den Zaun gelegt.»
Als aber sie dann hineinging und das Grässliche sah, da erschrak die Bäuerin so sehr, dass sie gleich an der Tür des Badehauses hinsank.

Märchen aus Lettland[35]

35 Lettisch-litauische Märchen, Diederichs Jena, 1924.

Kinder freuen sich sichtlich über den Rhythmus des Frage- und Antwort-«Spiels» der Stieftochter mit den Tieren. Auch die aufdringliche Wiederholung des Teufels: «Mädchen, Mädchen, Mädchen!», die sie manchmal mitsprechen, gefällt ihnen sehr.
Viele Erwachsene schaudern beim Zuhören. Denn sie sehen Bilder von Folter und Vergewaltigung. Und wir Erwachsenen wissen, dass der Mensch zu solchen Taten fähig ist.
Uns allen bekannt ist aber die seelische Vergewaltigung, die oft «in bester Absicht» geschieht.

DAS VERWÖHNTE KIND – DIE EIGENE TOCHTER

Das Märchen beginnt mit der Schilderung einer Familiensituation: Mutter mit eigener Tochter und einer Stieftochter. Wie auch in manchen anderen Märchen fehlt der Vater. Darauf möchte ich hier jedoch nicht weiter eingehen.

Die eigene Tochter ist von der Mutter kaum zu unterscheiden, sie ist mit ihr identisch. Eine solche Symbiose verhindert die Entwicklung der eigenen Persönlichkeit. So ist eigentlich die Mutter für das verwöhnte Kind die «böse» Mutter, denn sie lässt ihm wenig eigenen Lebensraum und belohnt es für seine Anpassung.
Auch gibt sie ihrer eigenen Tochter drei Tiere mit auf den Weg. Dieser Weg wird aber bloss nachgeahmt, und auch die Tiere könnten beliebige – oder gar diejenigen der Stieftochter – sein. Die eigene Tochter ist nicht mit den Tieren, sondern nur mit der Mutter verbunden.

STIEFTOCHTER – GEPLAGTES KIND

Die Stieftochter wird von der Mutter und ihrer Tochter gehasst, sie ist ausgestossen und muss die ganze Arbeit allein verrichten.

Jeder Mensch erlebt auf seinem Entwicklungsweg Zeiten, wo er

sich ausgestossen und allein auf der Welt fühlt. Kinder und Erwachsene identifizieren sich mit der Stieftochter, der Heldin.
Sich als Stiefkind zu fühlen liegt in der Natur unserer Entwicklung, denn die Loslösung aus der Mutterbindung (wie später aus jeder symbiotischen Beziehung) verlangt die Fähigkeit, allein zu sein, selber Entscheidungen zu treffen und dem eigenen Gefühl zu vertrauen.
Die Stieftochter steht symbolisch für eine ursprüngliche und natürliche Lebenseinstellung.

LIEBE ZU DEN TIEREN

Tiere stehen in Traum und Märchen symbolisch für unsere Triebwelt, die Instinkte und die Intuition. Zur Ganzheit gehört eine Verbindung mit den Instinkten. Und weil sich in den Märchen natürliche Entwicklungswege spiegeln, die (meist) zur Ganzheit führen, ist die Beziehung zu den Tieren von grosser Bedeutung.
Im beliebten Märchen der Brüder Grimm *Das Waldhaus* (KHM 169) erlöst die Hauptfigur – die jüngste von drei Schwestern – schliesslich einen verhexten Königssohn und wird über Nacht Königin. Das gelingt dem Mädchen nur, weil es die Tiere miteinbezieht:

«Schön Hühnchen
schön Hähnchen
und du bunte Kuh,
was sagt ihr dazu?»

Unsere Märchenheldin nährt nicht nur die Menschen (die bewusste Welt), sondern denkt auch an die Tiere. Symbolisch gesehen begegnet sie ihren Trieben und Instinkten mit der nötigen Achtsamkeit und Fürsorge, und sie «gehorcht» ihnen.

Wir können nur Königin oder König, das bedeutet ganz wir selbst werden, wenn wir auch mit der unbewussten Natur (Tieren, Pflanzen, Gestirnen) verbunden bleiben.

DER TEUFEL

Der Teufel ist in unserer Kultur die Personifizierung des Bösen und kein Wesen aus Fleisch und Blut. Es gibt kalte, heisse, dumme und gescheite Teufel, und er erscheint im Märchen – und im Leben – immer wieder in anderer Gestalt.
Was tut der Teufel in dieser Geschichte?
- Kommt mit Getöse herbeigeflogen,
- klopft mit Gepolter an,
- verlangt, dass ihm die Türe geöffnet wird,
- verlangt, dass ihm ein Feuer gemacht wird,
- verlangt, dass für ihn gekocht wird,
- verlangt, dass ihm die Stiefel ausgezogen werden,
- verlangt, dass ihm das Bett bereitet wird,
- verlangt, dass das Mädchen zu ihm ins Bett kommt,
- er würgt das Mädchen.

Im übertragenen Sinn sagt der Teufel: Vergiss dich selbst! Und tu, was ich sage!
Solches kann auch in Partnerschaften oder am Arbeitsplatz geschehen. Der Führer einer fanatischen Sekte fordert diese bedingungslose Selbstaufgabe von seinen Anhängern.
Auch die Sucht kann wie dieser Teufel wirken und die Persönlichkeit zerstören.
Wird sich ein Mensch dieses Teufels bewusst, kann er eine schmerzliche Häutung erfahren, wie die passive Tochter in dieser Geschichte. Es ist ausserordentlich schmerzhaft, zu erkennen, dass man sich der Macht eines Menschen, einer Gruppe oder einer Ideologie ergeben und sich ganz vergessen hat. Oder eines Tages festzustellen, dass man süchtig geworden ist.

NEIN – NEIN – JA

Die Heldin zweifelt nie an der Antwort der Tiere. Weshalb sagen sie zweimal Nein und beim dritten Mal Ja?

Das Mädchen weist beim dritten Mal selbst auf die Bereitschaft zum Handeln hin, indem es sagt «Soll ich es jetzt ... tun?» Die zwei ersten Dialoge sind notwendig, damit sie Kraft sammeln kann, und das Frage-Antwort-Ritual stärkt die Beziehung und das Vertrauen in die Tiere (auch bei den Zuhörern).
Sie benötigt Zeit, bis die unbewussten Energien stark genug sind – beim dritten Mal weiss sie intuitiv, dass sie sich in diese Gefahr begeben kann.
In schwierigen Situationen sagen wir uns auch «Dreimal tief atmen», das lässt uns tatsächlich bewusster und mit mehr Entschlossenheit handeln. Es ist eine Lebenskunst, auf diese Stimmen zu hören, denn sie entsprechen selten unserer Alltags-Logik, sondern gehorchen anderen Gesetzen.

Die Märchenheldin zeigt keinen Eigensinn und hat gegenüber diesen inneren Stimmen eine demütige Haltung, und so kann sie ihr Leben retten. *In den meisten Märchen verlangt allerdings das Magische bedingungslosen Gehorsam, und der Sinn dieser Forderung liegt darin, dass der Mensch seinen Eigenwillen opfern soll, um sich den Forderungen des Selbst zu unterwerfen.*[36]

GROSSER LOHN – HARTE STRAFE

Die passive Tochter – wie auch die Pechmarie in Frau Holle – wird von der Mutter aus Gier auf denselben Weg wie die Stiefschwester geschickt. Ihre Unselbständigkeit und die Unbezogenheit zu den Instinkten (Tiere) bewirken letztlich den Tod, das heisst die Zerstörung ihrer Persönlichkeit.
Erwachsene scheuen sich oft, ihrem Kind von solch grausamen Strafen im Märchen zu erzählen. Bedenken wir aber, dass die passive Tochter den Weg bloss nachahmt, der lieblosen Mutter hörig ist, sehen wir, dass die Strafe keine erzieherische Massnahme, sondern natürliche Folge der Handlung und Einstellung ist.

36 Hedwig von Beit: Symbolik des Märchens, Seite 481.

Wie die Bestrafung der Stieftochter ist auch die Belohnung der Heldin sehr gross. Scheinbar hat sie dafür wenig getan. Aber sie ist ihren eigenen Weg gegangen, hat die (Lebens-) Aufgaben angenommen und die Tiere miteinbezogen. Damit hat sie den Teufel überwunden.

DER INNERE FREUND

Eine wirkliche Erlösung ist nur
möglich, wenn der Suchtkranke
noch mit seinem inneren Kern
verbunden ist
und sich bewusst
seinem schwächeren Anteil
zuwenden kann.

DER TEUFEL UND DIE HUNDERT RABEN

Nach uraltem Brauch gingen die fahrenden Schüler auf den Kreuzweg, wo sie der Teufel allerlei Künste lehrte. Es mussten aber ihrer immer zwölf sein. Zum Lohn wählte der Teufel sich dann immer einen von ihnen als Opfer aus. Jeder dachte, ihn werde es schon nicht treffen, und liess sich von des Teufels Künsten verlocken.

Zwei Freunde hatten davon gehört, und es zog sie mächtig hin zum Kreuzweg, doch zauderten sie, denn wenn der Teufel den einen von ihnen packen würde, wäre es auch gar zu schrecklich für sie beide gewesen.
Doch wie es so geht, die Begierde war stärker als der Wille, und so standen sie auf einmal mitten unter den zwölfen am Kreuzweg. Es dauerte auch nicht lange, und der Böse wählte sein Opfer. Da fiel die Wahl auf einen der beiden Freunde.
Der andere wurde nun traurig und betrübt und war voller Sehnsucht nach seinem Kameraden, denn sie hatten sich sehr lieb gehabt.

Als der Teufel dies bemerkte, sprach er zu dem Betrübten, der niedergeschlagen des Weges daherschlich:
«Ich will dir ein Mittel geben gegen deine Sehnsucht: Auf einem Zaun wirst du hundert Raben sitzen sehen. Einer davon ist dein Freund. Findest du ihn heraus, so soll er wieder ein Mensch werden und frei sein, bezeichnest du aber den Falschen, so bist auch du verloren.»
Der Bursche dachte, ohne seinen Freund habe das Leben ohnehin keinen Wert für ihn, und wenn er fehle, so könnten sie doch als Raben weiterleben. Also nahm er den Vorschlag an.

Als er nach Hause ging, sah er hundert Raben auf einem Zaune sitzen. Er musterte sie alle auf das genaueste, aber da war der

eine wie der andere, jeder von gleicher Grösse, alle hässlich und rabenschwarz vom Schnabel bis zu den Füssen. Es schien ihm unmöglich, den Richtigen herauszufinden, und schon wollte er verzweifeln, als er bemerkte, wie einer der Raben plötzlich eine Träne ins Auge bekam.
«Der ist es!» rief er aus.
In der Tat hatte er den Richtigen erkannt. Da erhielt sein Freund seine menschliche Gestalt zurück. In Zukunft aber mieden die beiden den Kreuzweg.

Märchen aus dem Wallis, Schweiz[37]

WAS IST DAS FÜR EIN TEUFEL?

Wie auch die Frau Trude (vergl. Kapitel *So bist du unser Kind nicht mehr*) geht dieser Teufel nicht zu den Menschen hin, sondern sie kommen zu ihm. Er klopft nicht um Mitternacht ans Badhaus[38] und begehrt ungestüm Einlass.
Es gehört zum Wesen des Teufels, dass er unsere Seele will, indem er verführt, lockt und die Ordnung durcheinanderbringt. Auf diese Eigenschaft weist auch sein griechischer Name – *Diabolos* – hin, der vom Verb *dia-bollein* (auseinanderbringen/entzweien) stammt, im Gegensatz zu *sym-bollein* (zusammenbringen/fügen), wovon unser Begriff *Symbol* stammt.
Der Teufel zeigt Zauberkunststücke, die den elf Schülern, die noch einmal davongekommen sind, auch von etlichem Nutzen zu sein scheinen. Bei dieser Teufelsfigur spielt auch noch das Wesen der früheren Fruchtbarkeitsgötter und -Göttinnen mit hinein, die erst später durch das Christentum verteufelt wurden.

37 Die Schweiz in ihren Märchen und Sennengeschichten, Hrsg. R. Waldmann, Diederichs Köln, 1983.
Märchen von Schwanenfrauen und verzauberten Jünglingen, Hrsg. Sigrid Früh. Fischer 1984, TB 2878.
38 Vergl. das Kapitel «Was, wenn der Teufel mich will?»

Der Teufel verwandelt hier die Menschen in Raben. *Wird daher jemand in einen Vogel verwandelt, so könnte man sagen, dass etwas nur als Idee zum Ausdruck gebracht wird, was als ganzheitlich-menschliche Erfahrung angelegt wäre.*[39] So gesehen gehört zur Pubertät auch eine «Rabenzeit». Die Kindheit bricht auseinander, eine neue Ordnung ist noch nicht entwickelt. Und wenn der junge Mensch am Kreuzweg einen inneren Freund hat, geht auch alles gut. Dann hat er vielleicht eine Initiation erlebt – er hat Tod und Wiedergeburt erfahren. In dieser Geschichte fast wie zufällig.

Hat der junge Mensch keinen inneren Freund, d.h. keine Verbindung zu seiner Seele, so ist er in Gefahr, in die Macht des Teufels zu gelangen. Er steht dann vielleicht täglich beim Kreuzweg und lässt sich Zauberkunststücke vorführen.
Auf unseren Alltag übertragen sind das wohl die sogenannt harmlosen Süchte, wie z.B. Spiel- oder Konsumsucht oder auch die wöchentliche Ecstasy-Party. Dazu gehören auch all die Seifenblasen aus der Werbung und dem Fernsehen, die uns eine sorglose und paradiesische Welt vorgaukeln. Diese künstliche Welt verführt und lässt uns so die Schwierigkeiten des Alltags vergessen. Wenn diese Täuschung nicht erkannt und zum Lebensinhalt wird, dann müssen wir uns durch immer stärkere Reize und Narkotisierung betäuben. Ein Teufelskreis entsteht. Nicht alle haben die innere Kraft und genügend Selbstachtung, den Kreuzweg zu meiden.

EINEN VON ZWÖLFEN ERWISCHT ES

Am Kreuzweg musste sich jeweils eine Gruppe von zwölf Schülern einfinden. Von diesen nimmt sich der Teufel einen zum Lohn für seine Zauberkunststücke. Zwölf ist die Zahl der Ganzheit. Die zwölf Tierkreiszeichen und Monate sind vom Sonnenlauf her bestimmt. Unsere Uhren sind in zwölf Stunden unterteilt.
Der Teufel zerstört die Ganzheit, er stört die Ordnung.

---

39 Marie-Louise von Franz: Erlösungsmotive im Märchen, Kösel Verlag.

Wie schon erwähnt, werden Märchen zur eigenen Geschichte, wenn die einzelnen Figuren als Anteile der eigenen Persönlichkeit empfunden werden. Ist demnach ein Anteil von mir immer gefährdet, in die Macht des Teufels zu geraten? *Ich meine daher, dass eine Tendenz zur Drogeneinnahme existiert, die völlig unabhängig von besonderen milieubedingten Umständen und nur als archetypisches Bedürfnis erklärbar ist; das heisst, es stammt aus jenem Bereich des Unbewussten, aus dem uns autonome Impulse erreichen können, die vom Bewusstsein, seiner individuellen oder kulturellen Geschichte nicht beeinflusst werden.*
Der Autor Luigi Zoja[40] meint, dass diese Tendenz heute verstärkt zum Vorschein kommt, weil uns wichtige Erfahrungen fehlen, wie Initiationserlebnisse als *parareligiöses* Erlebnis.
Der Drogensüchtige ist auf der Suche danach, nur erlebt er eine negative Initiation. Zuerst die Wiedergeburt (in der Ekstase und Bewusstseinserweiterung) und dann den Tod (Ernüchterung und schliesslich Absturz bei dauerndem Drogenkonsum, vielleicht später sogar den körperlichen Tod). Denn die Drogeneinnahme geschieht meist in einer Konsumhaltung und ist in unserer Gesellschaft nicht eingebunden in Riten, die den Exzess und die Isolation verhindern.

Schüler, die am Kreuzweg standen und vom Teufel Kunststücke lernten, jedoch nicht zu Raben wurden, gibt es viele.

DIE TRÄNE

Die Träne des Raben beschäftigt Schüler und Erwachsene sehr. Was könnte die Träne bedeuten?
- *Er war ja gerade noch ein Mensch,*
- *So gab er sich zu erkennen,*
- *Er war traurig, ein Rabe zu sein.*

40 Luigi Zoja: Sehnsucht nach Wiedergeburt, Ein neues Verständnis für Drogensucht, Daimon Verlag, 1994.

– *Er war traurig, weil er Angst hatte, sein Freund könnte auch zum Raben werden.*

Die Fähigkeit, ein Gefühl zu haben und dieses Gefühl auch auszudrücken, unterscheidet den einen Raben von den 99 anderen. Die Träne hebt den einen Raben heraus, macht Beziehung möglich und lässt ihn schliesslich wieder zum Menschen werden. Die Träne des Raben deutet darauf hin, dass er – obwohl in der Gewalt des Teufels – noch nicht ganz abgeschieden und unbewusst lebt. Diese Fähigkeit zur Beziehung ist eine gute Voraussetzung dafür, der Macht des Teufels, der Sucht zu entkommen.

DIE ERLÖSUNG

In diesem Märchen geschieht die Erlösung sehr schnell (es gehört zum Wesen des Märchens, dass es in einigen Sätzen Ereignisse schildert, die – auf unser Leben übertragen – vielleicht Jahre dauern). Der helfende Freund muss allerdings bereit sein, ein Wagnis auf sich zu nehmen. Denn erkennt er seinen Kameraden nicht, wird auch er zum Raben. Wer könnte dann noch beide erlösen?
Es ist auch das «Wissen» des Märchenhelden, dass eine Erlösung stattfinden soll – denn das Märchen «möchte» Ganzheit und Freiheit. Erst als der Freund vor den hundert Raben steht und diese sich durch nichts voneinander unterscheiden, sieht er sich selber schon als Raben. Die Dramatik dieses Bildes passt gut auf die Situation von zwei Lebensgefährten, wobei der eine suchtkrank ist und der andere mit allem Einsatz versucht, ihn zu erlösen und nicht zu verlieren.
Eine wirkliche Erlösung kann nur dann stattfinden, wenn der Betroffene noch mit seinem innersten Wesen in Verbindung steht. Er muss sich ausserdem bewusst und mit Willenskraft seinem schwächeren Anteil zuwenden.

Dieses Märchen ist für die spielerische Aktualisierung in Schulklassen sehr geeignet. Vergl. Seite 65.

BRAVES MÄDCHEN – SCHLIMMES MÄDCHEN

Damals lebte ein böses Geschöpf, Amanojaku genannt. Wenn die Erwachsenen nicht zu Hause waren, kam es in die Häuser zu den Mädchen und behexte sie.

MELONENTÖCHTERCHEN

Vor langer Zeit lebten einmal ein alter Mann und eine alte Frau. In einem Jahr nun säten sie Gelbmelonen und da wuchs auf einem Beet ein auffallend dicker Stengel hervor. Wie er so heranwuchs, bekam er seltsamerweise nur unfruchtbare Blüten, fruchttragende Blüten aber – woran lag es wohl – trug er keine einzige.

Die beiden Alten jedoch sagten: «Das ist doch eine sonderbare Sache! In der übrigen Saat haben wir uns doch nicht geirrt!» Indessen wuchs und wuchs dieser Stengel, und als er über die Höhe des Beetes hinausgewachsen war, da erst trieb er eine einzige, ungewöhnlich grosse, fruchttragende Blüte hervor.

Die grosse Frucht, welche dann über die Höhe des Beetes heranwuchs, erreichte bald den Umfang etwa einer grossartigen Gelbmelone; dann aber wurde sie immer dicker, wurde immer länger und hing immer weiter herunter und reichte schliesslich bis zum Erdboden. «Das ist aber eine riesengrosse Gelbmelone geworden!» riefen die beiden Alten und freuten sich ausserordentlich. «Diesen Kerl wollen wir völlig ausreifen lassen und seinen Samen gewinnen!» überlegten sie und warteten, bis er sich gelb färbte.

Als die beiden die Melone dann gemeinsam geerntet und nach Hause getragen hatten, plumpste sie, weil sie so schwer war, auf den Vorplatz nieder. Dabei barst sie und bekam der Länge nach einen Sprung. Aus diesem Spalt aber drang die weinende Stimme eines kleinen Kindes. Die alte Frau holte es eilig heraus, und ein rundliches kleines Mädchen kam zur Welt.

Da es aus einer Melone geboren war, gaben ihr die beiden Alten den Namen Urihime, Melonentöchterchen, und zogen es voller Liebe auf. Nach und nach wurde es grösser und wuchs zu einem wunderschönen Mädchen heran. Dieses Mädchen war eine Meisterin im Weben und bald die beste im Dorf. Tag für Tag setzte sich Urihime im Obergeschoss an den Webstuhl; ten-kara-kan, ten-kara-kan! so webte sie mit aller Kraft, und stets webte sie Stoffe, über die man in bewunderndes Staunen geriet.

Wenn der alte Mann und die alte Frau einmal in die Stadt zu einem Tempelbesuch gingen, um ihren Dank abzustatten, kauften sie auf dem Rückweg immer als Geschenk für Urihime Süsskartoffeln, die sie liebte. «Urihime, jetzt sind wir wieder zurück! Wir haben den Tempel besucht, um unseren Dank abzustatten, und haben auch Süsskartoffeln gekauft, die du so gern hast!» so riefen sie. Da sprang Urihime von ihrem Webstuhl auf, zupfte eins ums andere die Härchen aus den Knollen und ass die dann.

Damals lebte ein böses Geschöpf, Amanojaku genannt. Wenn die Erwachsenen nicht zu Hause waren, kam es in die Häuser zu den Mädchen und behexte sie. Hatte Amanojaku sie behext, änderte sich die Gemütsart selbst der folgsamsten Mädchen, und sie wurden ungeschickt.

Eines Tages sprachen die beiden Alten: «Urihime, das Oberhaupt des Tempels kommt in die Stadt. Wir möchten hingehen, um ihm unseren Respekt zu erweisen. Wer auch immer kommt: Bis zu unserer Rückkehr darfst du das Obergeschoss nicht verlassen und die Tür nicht öffnen!» Dann verriegelten sie die Türe ganz und gar und machten sich auf den Weg.

Als Urihime nun ganz allein war und im Obergeschoss – ten-kara-kan, ten-kara-kan – am Webstuhl webte, nahm Amanojaku die Stimme eines Mädchens aus der Nachbarschaft an und begann zu rufen: «Urihime, Urihime!» – «Was ist los?» – «Gehen wir spielen, ja? Lass mich hinein!»

«Väterchen und Mütterchen sind heute nicht da, deshalb darf ich nicht mit dir spielen.»
«Ein bisschen mach doch die Tür auf!»
«Väterchen und Mütterchen haben gesagt, dass ich die Tür nicht aufmachen darf, weil Amanojaku kommen könnte.»
«Nun, öffne die Tür wenigstens einen Fingerbreit! Wenn ich dein Gesicht nicht sehen kann, ist es nicht nett.»
Urihime aber dachte, dass Amanojaku unmöglich hereinkommen könnte, selbst wenn er käme, und schob den Fensterflügel im Obergeschoss eben einen Fingerbreit auf.
«Urihime, so kann ich dein Gesicht immer noch nicht sehen. So öffne doch wenigstens noch einen Fingerbreit mehr!»
Und Urihime machte wenigstens zwei Fingerbreit auf.
«Urihime, mach nur noch einen Fingerbreit mehr auf!»

Da Urihime nun schon zwei Fingerbreit geöffnet hatte und nichts geschehen war, öffnete sie nun drei Fingerbreit. Da bemerkte sie, dass mit schrecklichen Krallen bewachsene Finger sich in den Spalt am Fensterflügel im Oberstock schoben. Krachend stiess Amanojaku ihn auf und kam in den Oberstock hereingesprungen.
Urihime verlor vor Schrecken die Besinnung und stürzte zu Boden. Als aber nach einiger Zeit das Bewusstsein wiederkehrte, war sie nicht mehr die ursprüngliche Urihime. Amanojaku hatte sie behext und ihr schreckliche Gesichtszüge gegeben. Lärmend, ohne sich im geringsten darum zu kümmern, ob der Faden riss, begann sie, am Webstuhl zu weben.

Nach einer Weile kamen der alte Mann und die alte Frau aus der Stadt zurück. Als Geschenk hatten sie Süsskartoffeln gekauft. «Urihime, wir sind jetzt zurück!» riefen sie. Als die beiden aber die Tür öffneten und eintraten, war Urihime ganz anders als gewöhnlich. Polternd sprang sie vom Obergeschoss herab, schrie mit heiserer Stimme: «Wo ist mein Geschenk?» entriss den Alten mit Gewalt die Süsskartoffeln, und ohne auch nur die Härchen auszureissen, ass sie sie auf, wie sie eben wa-

ren. Die beiden Alten blickten starr vor Staunen; nachdem Urihime die Süsskartoffeln aufgegessen hatte, stieg sie wieder polternd ins Obergeschoss hinauf. Jan-gara, jan-gara begann sie lärmend am Webstuhl zu weben.

Während nun der Alte bei sich überlegte, was denn für eine Veränderung geschehen sei, und dabei auf das Feld hinter dem Haus schaute, kam gerade ein prächtiger kleiner Vogel von der Vorderseite des Hauses her geflogen. Er liess sich auf dem nahen Feigenbaum nieder und wollte dann, unaufhörlich zwitschernd, wieder zur vorderen Seite des Hauses fliegen. Als aber der Alte das Ohr neigte und lauschte, was er wohl zwitschere, sang er:

> *Am Webstuhl von Urihime, von Amanojaku*
> *besessen das junge Ding, vertreib es, ho ho!*

Darauf flog der kleine Vogel wieder zur Vorderseite des Hauses. «Also brachte das Scheusal Amanojaku es fertig, mein Melonentöchterchen zu behexen!» dachte sich da der Alte und eilte ins Obergeschoss hinauf. Urihime blickte bei dem Geräusch erschreckt auf, der Alte aber machte ein Gesicht, als ob er jeden Augenblick beissen wolle. Da sprang sie vom Webstuhl auf, stolperte bei ihrer Flucht über ein Querholz und stürzte zu Boden. Dabei schlug sie heftig mit Gesicht und Brust auf und konnte sich kein zweites Mal erheben. Aus dem Körper von Urihime aber kam ein schwarzer Vogel, schrie schrecklich auf und flog fort.

Die alte Frau stieg bei diesen Lauten bestürzt ins Obergeschoss hinauf: Da lag Urihime am Boden, und daneben stand versteinert der alte Mann. Die Alte war entsetzt und klammerte sich zusammen mit dem alten Mann an den Körper von Urihime. Während sie aber unter Tränen «Urihime! Urihime!» riefen, wurde Urihime allmählich immer starrer. Im Laufe der Zeit dann verwandelte sich ihr Körper in eine Melone.

Daher sagt man, dass in den Gelbmelonen, die auf dem Feld der beiden Alten wachsen, sie in einem jeden Blatt und gewiss in einer jeden Melonenfrucht verkörpert sei.

Märchen aus Japan[41]

Eine Mutter von zwei Kindern: *Ich finde diese Geschichte stimmig. Das Mädchen ist zu brav, es würde heute noch dasitzen und weben. Manchmal ist es notwendig und richtig, dass man eine Wut kriegt und alte Fäden zerreisst. Erst so konnte der schwarze Vogel Urihime verlassen, denn er ist die verdrängte Wut.*

URIHIME – BRAVES KIND

Wie wir hören, kommt Urihime auf wundersame Weise zu den zwei Alten. Sie wird aus einer Melone geboren – ein sehr poetisches und dabei sinnliches Bild. Die Eltern freuen sich, dass ihnen endlich ein Kind geschenkt wurde.
Urihime wird dann auch sehr geliebt und behütet. Sie sitzt am Webstuhl, webt die schönsten Muster, und es geht ihr anscheinend gut. Weben ist symbolisch gesehen eine ursprüngliche Tätigkeit: Das Auf und Ab der Fäden entspricht einem Rhythmus, wie Tag und Nacht, Geburt und Tod.

Das Märchen, um das es sich hier handelt, trägt den schönen Namen Uri(ko)-hime, «Prinzessin Melone(nkind)». Doch in manchen Gegenden heisst das Mädchen nicht Uri- sondern Ori(ko)-hime, Prinzessin Weberin – ein, wie wir sehen werden, sehr wichtiges Detail, das sonst vollkommen unter den Tisch fällt ... Das Motiv des Webens, das wesentlich zu unserer Märchenheldin gehört, gibt uns einen ersten Hinweis. Auch der Mythos kennt eine Weberin, die auf merkwürdige Weise zu Tode gebracht wird. Sie fällt nämlich vor Schreck

41 Japanische Volksmärchen, Hrsg. H. Hammitzsch, Diederichs, 1964.

vom Webstuhl, sticht sich dabei mit dem Weberschiffchen in die Scham und stirbt, weil der Gott Susanowo ein geschecktes Pferd umgekehrt geschunden und die Haut durchs Dach in die himmlische Webehalle geworfen hatte. Diese Tat hat weitere Folgen: die Sonnengöttin (sie webt die Sonnenstrahlen) zieht sich in die himmlische Felsenhöhle zurück, und die Welt versinkt im Dunkel. Den Göttern bleibt es überlassen, Mittel und Wege zu finden, um die Sonnengöttin wieder hervorzulocken und die Welt wieder licht werden zu lassen.[42] Hier ist die Sonne weiblich, sie gebärt das Licht, welches vom Dunkeln verschlungen wurde.

Urihime wird geliebt und behütet, ähnlich wie Rapunzel (KHM 12) im Turm – Rapunzel hat eine wunderschöne Stimme (ein Ausdruck für Wohlbefinden). Die Eltern gehen ab und zu in die Stadt, Urihime bleibt dann zu Hause und webt und erhält nachher Süsskartoffeln, die sie sehr liebt. Alle scheinen sich wohlzufühlen.

Innerpsychisch verstanden, bedeutet die magische Geburt eine Erneuerung. Wird dieses Neue zu sehr behütet und nicht mit der Welt verbunden, besteht die Gefahr, dass diese Energie wieder – ins Unbewusste – verschwindet.

AMANOJAKU DER BÖSE

«Die ausführlichste einer kleinen Gruppe von Erzählungen berichtet von der Zeit, als es den Menschen noch sehr viel besser ging. Da hingen die Pflanzen von der Wurzel bis zur Spitze voller Früchte, es gab kein Unkraut, ja, es war immer Achter Mond – nämlich Erntezeit – und jede Nacht war Vollmond. Da dachte Amanojaku, dass es den Menschen doch zu gut gehe, und er sorgte dafür, dass der Überfluss eingedämmt wurde, dass auch Unkraut gedieh, dass eiskalter Winter und ein heisser Sommer die Einförmigkeit aufhoben, und

42 Nelly Naumann: Das verborgene Bild des Todes im Märchen, Aufsatz in Tod und Wandel im Märchen, Erich Röth Verlag, 1991.

dass es auch dunkle Nächte gab. Die Geschichte macht also aus Amanojaku einen Gegenspieler der Menschen, einen, der es böse mit einem meint. In Wahrheit jedoch zeigt sich hier Amanojaku als derjenige, der die richtige kosmische Ordnung herstellt.»[43]

Eines Tages gehen die Eltern wieder in den Tempel. Sie warnen Urihime zum erstenmal vor Amanojaku und verbieten ihr, die Türe zu öffnen.
Ahnen sie, dass jetzt die Gefahr besteht, dass ihr Kind sich von einer fremden «Macht» beeinflussen lassen könnte? Wie die Eltern in *Frau Trude* warnen und verbieten sie ohne weitere Erklärungen.

Wer ist nun Amanojaku? Ein Menschenfresser, ein gefährliches Untier, ein Zauberer? Er kann brave Mädchen in böse Mädchen verwandeln.
Eine immer strahlende und stets fleissige Tochter gibt es nicht, auch wenn viele Eltern sie gerne so hätten. Zum Hellen gehört das Dunkle, zum Tag die Nacht, zur Fülle die Leere, zur Geburt der Tod. So wird auch Urihime, das brave Mädchen, nicht immer in Harmonie mit den Eltern leben, denn dies würde nicht der natürlichen Entwicklung entsprechen. Amanojaku zerstört, wie erwähnt, paradiesische Zustände, und er lässt deshalb den Faden zwischen Urihime und den Eltern reissen. Er bringt Unordnung und auch Grobheit in die schönen Muster.

Wäre Amanojaku nicht gekommen und hätte Urihime ihm nicht geöffnet, würde sie noch heute am Webstuhl sitzen ...

43 a.a.O.

SIND DIE ELTERN SCHULD?

Die Eltern im Märchen wollen Amanojaku von ihrer Tochter fernhalten. Wer wünscht sich schon das Dunkle, die Unordnung? Aber bei jeder grossen Veränderung sind wir immer aufgefordert, alles neu zu sehen und überholte Werte zu wandeln.

Das Märchen wertet nicht, gibt niemandem die Schuld, dass Urihime ‹stirbt›. Es erzählt davon, dass es eine Veränderung geben wird, dass man das Kind nicht vor fremden Einflüssen – guten und schlechten – behüten kann. Diese Einflüsse kommen nicht nur von aussen, sondern auch von der sich entwickelnden Persönlichkeit, und die wird sich von derjenigen der Eltern abheben.
Auch der König im *Dornröschen* möchte seiner Tochter das vorbestimmte Schicksal ersparen und lässt alle Spindeln im Land verbrennen. Aber die Schicksalsfrau spinnt weiter in ihrem Kämmerlein. Und als das unvorbereitete Mädchen der Schicksalsfrau begegnet, verfällt es in einen tiefen und langen Schlaf und wacht – im Gegensatz zu Urihime – nach hundert Jahren wieder auf.

Wie diese zwei Alten wollen Eltern immer das Beste für ihr Kind. Und trotzdem kann es geschehen, dass es sich in ihren Augen ungut entwickelt. Eltern erschrecken oft schon durch die natürlichen Veränderungen ihres Kindes in der Pubertät. *In dieser Zeit werden Jugendliche oft ruppig und grob, weil sie ihre Verletzlichkeit tarnen «müssen», weil hormonelle und psychische Veränderung sie durcheinanderbringt*, berichtet eine Mutter.

Im Märchen *Rapunzel* (KHM 12) wird die plötzliche Trennung von Mutter (Zauberin) und Tochter von der Mutter selbst vollzogen. Sie glaubte ihr Kind im Turm vor der «Welt» geschützt. Aber als sie erfährt, dass ihre Tochter einen Mann liebt, ist sie zutiefst gekränkt und verstösst sie.

Dieses Märchen zeigt uns eindrücklich den Schrecken der Eltern, wenn sie entdecken, dass eine Macht, wie Amanojaku, ihr Kind in seiner Gewalt hat. Wenn sie erleben müssen, dass ihr Kind magersüchtig ist oder harte Drogen nimmt.

DER SCHWARZE VOGEL

Fliegt in einer Familie der schwarze Vogel auf, ist es notwendig, sich bewusst zu werden, das jetzt Veränderungen anstehen. Ob nicht dunkle Seiten, wie Wut oder Ängste verdrängt wurden, ob nicht allzusehr am Glauben an ein Leben in Harmonie – ohne Amanojaku – festgehalten wurde? Wenn wir uns damit auseinandersetzen, kommen wir zu einem tieferen Verständnis für die Gesetzmässigkeiten der menschlichen Entwicklung – und dann wird die Schuldzuweisung (wenn der schwarze Vogel aufgeflogen ist) immer unwichtiger. Wir vermögen dabei die Einsicht zu gewinnen, dass die Entwicklung des Kindes nicht berechenbar ist. Wir erfahren, dass auch eine «höhere» Macht wirkt und dass wir nicht alles lenken können.

Der alte Mann und die alte Frau haben sich an Urihime festgehalten. In dieser Umklammerung ist sie erstarrt und ihnen entglitten.

DER TOD DER TOLOWIM-FRAU

«Lieber möchte ich mit solchen Schmetterlingen sterben als vertrocknen.»

Eine betagte Kursteilnehmerin.

DER SCHMETTERLINGSMANN

Es war Frühling am Fluss. Die Tolowim-Frau war ruhelos und fühlte sich einsam. Der Tolowim-Mann war den Fluss hinuntergezogen, um Lachse zu stechen.
Es war die Zeit des Reh-Tanzes im Frühjahr. Während dieser Zeit bleibt eine gute Frau daheim und sieht darauf, dass kein Tabu verletzt wird. In der Zeit des Reh-Tanzes ist die Frau unrein, und ihr Mann meidet sie, wenn er an diesem Tanz teilnimmt. Der Tolowim-Mann gehörte zu den Tänzern, und sie wusste, dass er bei seiner Rückkehr zu den alten Männern ins Schwitzhaus gehen würde.

Die Tolowim-Frau war eine gute Frau, aber sie wusste auch, dass in den Bergen die wilden Schwertlilien blühen. Mit der Zeit konnte die Tolowim-Frau das Geschwätz der Frauen nicht mehr hören. Da setzte sie ihren Korbhut auf, nahm das Wiegenbrett mit ihrem kleinen Kind auf den Rücken und kroch durch die Vordertüre aus der Hütte.
Sie richtete sich auf und blickte noch einmal den Fluss hinab. Dann wandte sie sich um und lief hinauf in die Berge.
Die Sonne schien heiss, und nachdem sie ein Stück bergauf gegangen war, kam sie ausser Atem. Sie streifte das Wiegenbrett ab, stellte es in den Schatten eines Manzanita-Busches und setzte sich auf den Boden.

Wie sie dort sass, flatterte ein Schmetterling herbei. Er strich dem Kind über den Arm. Es lachte und versuchte, ihn zu erhaschen. Der Schmetterling strich der Tolowim-Frau über die Wange. Auch sie lachte und versuchte, ihn zu fangen. Der Schmetterling liess sich einen Augenblick auf einem Zweig des Manzanita-Busches nieder. Die Tolowim-Frau beugte sich vor, um den Falter mit ihrem Hut zu bedecken. Aber er flog zum nächsten Busch. Da stand sie auf und lief ihm nach.

Der Schmetterling war wunderschön – schwarz wie Muschelschalen und scharlachrot. Und die Tolowim-Frau wollte diesen Schmetterling haben, sie wünschte ihn sich sehr. Er war immer ganz nahe von ihr, und es schien, dass sie ihn beim nächsten Schritt fangen werde, aber es gelang ihr nicht.

Der Schmetterling lockte sie immer weiter vom Fluss fort und hinauf in die Berge. Die Tolowim-Frau sah sich um: Ihr Kind schlief friedlich im Schatten des Manzanita-Busches. Und sie dachte: Der Schmetterling wird bald ermüden, und ich folge ihm noch über den nächsten Hügel, dann kehre ich zum Kind zurück.

Aber der Schmetterling ermüdete nicht, und es gelang der Tolowim-Frau nicht, ihn zu fangen. Immer stärker wurde ihr Verlangen, ihn zu besitzen; und den ganzen Nachmittag lockte er sie weiter landeinwärts.

Ihr Lederhemd war schon schmutzig und zerfetzt von den Dornen, ihren Hut hatte sie verloren und die Muschelkette war zerrissen.

Als die Sonne unterging, sank die Tolowim-Frau erschöpft zu Boden. Der Schmetterling flog zu ihr hin und liess sich neben ihr nieder. In der Abenddämmerung sah sie, wie er sich in einen schönen Mann verwandelte. Er war nackt und trug nur einen Gürtel aus Schmetterlingen um seine Hüfte. Seine langen Haare wurden von einem schwarzroten Stirnband gehalten.

Zusammen verbrachten sie die Nacht. Am Morgen fragte der Schmetterlingsmann sie:
«Willst du mit mir gehen?»
Sie antwortete: «Ja, ich will.»
Dann sagte er zu ihr:
«Das ist gut. Wir müssen noch einen Tag reisen, dann sind wir in meinem Land, und dort werden wir glücklich leben. Aber es

ist eine gefährliche Reise. Wir müssen das Tal der Schmetterlinge durchqueren, und sie werden versuchen, mich dir zu entreissen. Du musst genau das tun, was ich dir sage, dann werden wir der Gefahr entgehen.»
Das versprach sie, und er sagte:
«Bleibe dicht hinter mir. Tritt dorthin, wohin ich getreten bin. Halte dich mit beiden Händen an meinem Gürtel fest. Lass ihn auch nicht einen Augenblick los. Und sieh keinen anderen Schmetterling an, ehe wir nicht das Tal hinter uns gelassen haben. Gehorche mir nur dieses eine Mal, und du wirst für immer sicher sein. Und denk daran, ich verliere die Kraft, die dich schützt, wenn deine Hände nicht auf meinem Gürtel liegen.»

Sie machten sich auf den Weg. Der Schmetterlingsmann ging voran, die Tolowim-Frau folgte. Sie fasste den Gürtel mit beiden Händen und sah zu Boden. So kamen sie in das Tal der Schmetterlinge. Der Boden war hart, aber der Schmetterlingsmann lief mit schnellen und sicheren Schritten.
Schmetterlinge sassen auf den Felsen, Schmetterlinge schlugen gegen ihre Beine, setzten sich ihnen ins Haar und flatterten vor ihren Gesichtern. Das ganze Tal schien voller Schmetterlinge.
Die Tolowim-Frau hielt ihre Hände auf dem Gürtel des Schmetterlingsmannes und blickte zu Boden.

Aber dann tanzte plötzlich ein Schmetterling vor ihr, der schwärzer und schöner war. Er tänzelte um ihre Brüste, vor ihren Augen und liess sich für einen Augenblick auf ihren Lippen nieder. Dann flog er langsam fort. Ihre Augen verfolgten seinen Flug, und da nahm sie eine Hand vom Gürtel und griff gierig nach ihm.
Er war fort.
Aber sogleich tanzten Hunderte, Tausende anderer Schmetterlinge vor ihr, sie schlugen gegen die Augen, ihre Wangen und ihren Mund. Sie waren schwarz, weiss, golden, sumpfgrün oder purpurrot.
Sie wollte sie alle, und so liess sie den Gürtel des Schmetter-

lingsmannes los und griff mit beiden Händen nach ihnen. Nicht einen konnte sie erhaschen.

Der Schmetterlingsmann ging weiter, sie aber achtete nicht darauf. Sie jagte einmal diesem, einmal jenem Schmetterling nach, stolperte, fiel hin und raffte sich wieder auf. Doch nie konnte sie einen Schmetterling fangen. Wie im Wahnsinn jagte sie den gaukelnden Schmetterlingen nach.

Ihre Zöpfe gingen auf, ihr Rock war zerrissen und ihre Mokassins gingen in Fetzen. Nackt und von den Dornen zerkratzt jagte sie immer neuen Schmetterlingen nach.
So ging es immer weiter, und ihre Schritte wurden immer unsicherer. Dann blieb ihr Herz stehen.

Das war das Ende der Tolowim-Frau.

Indianisches Märchen der Maidu[44]

EIN TABU VERLETZEN

Auch in unserer modernen Gesellschaft brauchen wir Regeln und Gesetze. Aber gleichzeitig fordert eine lebendige Entwicklung vom Individuum, und vom Kollektiv, die dauernde Erneuerung. So sind wir immer wieder vor diesselbe Frage gestellt: Wie weit dienen uns soziale Regeln und Tabus, und wann beginnen sie unsere Entwicklung als Individuum einzuengen?

Die Tolowim-Frau ist eine gute Frau. Doch plötzlich ändert sich etwas. Sie kann das Geschwätz der Frauen nicht mehr hören. Sie fühlt sich unzufrieden und einsam. Zweifelt sie am Sinn des Rehtanzes (schamanischer Ritus)?

---

44 Indianermärchen aus Nordamerika, Fischer TB 10204, leicht abgeändert.

DIE SEHNSUCHT LOCKT SIE FORT

Voll innerer Unruhe und weil sie weiss, dass in den Bergen die wilden Schwertlilien blühen, macht sie sich auf den Weg. Das Blühen der Schwertlilien weist auf den Frühling, die Erneuerung hin.
Sie möchte nur die Lilien sehen. Aber sie lässt sich von einem wunderschönen Schmetterling ablenken – er gaukelt vor ihren Augen herum und lockt sie unwiderstehlich fort. Vielleicht weckt dieser Schmetterling in ihr die tiefe Sehnsucht nach einem freieren, unbeschwerteren Leben?
Ahnt sie, dass ihr Leben eng und eintönig verlaufen könnte?
Sie schaut noch einmal zurück nach ihrem Kind, aber schon bald scheint sie es vergessen zu haben. *Sie möchte sich emanzipieren, geht aber zu weit und verliert so den Faden zu ihrem Kind*, sagte eine Zuhörerin.
Ein Kind ist Symbol für das Selbst, für Erneuerung und Neubeginn. Wäre also die Umkehr und Rückkehr zu ihrem Kind der richtige Weg? Sie darf ihr Kind nicht einfach zurücklassen, und psychologisch gesehen riskiert sie damit auch den Verlust eines Teiles ihrer eigenen Persönlichkeit.
Aber wir spüren auch den grossen Zwiespalt: Kehrt sie zurück, was erwartet sie dann? Auch wenn sie von ihrem Stamm nicht verstossen wird, kann sie weiterleben wie zuvor? Wird sie nach dieser Erfahrung jemals ihre tiefe Sehnsucht vergessen können?

LIEBER MIT SOLCHEN SCHMETTERLINGEN STERBEN …

Das Wunder ineinander übergehender Erscheinungszustände, dieses Wunder der Verwandlung von träger Raupe, dumpfer Larve, in den zartschönen Schmetterling hat den Menschen tief angerührt, ist ihm zum Gleichnis eigener seelischer Wandlung geworden, hat ihm die Hoffnung geschenkt, einst aus der Erdenverhaftetheit ins Licht ewiger Lüfte zu steigen.[45]

45 Ernst Aeppli: Der Traum und seine Deutung, Rentsch Verlag, 1943.

Die Tolowim-Frau verfolgt den Schmetterling wie berauscht bis zur Erschöpfung und verbringt dann mit dem Schmetterlings-Mann die Nacht. Am Morgen ist sie bereit, alles aufzugeben und ihm zu folgen.
Sie ist so verzaubert, dass sie ihr Kind vergisst und damit auch die Beziehung zu sich selber verliert. Sie verliert jedes Mass, greift jetzt wie im Rausch wahllos nach allen neuen Schmetterlingen. So verliert sie ihren Schmetterlingsmann und schliesslich auch endgültig sich selber.

Ihr Weg ist der Rausch, das Chaos, der Tod.

Die Hoffnung und Sehnsucht, sich von der Erdverhaftetheit zu lösen, ist menschlich und einfühlbar. Und so hat es auch eine betagte Zuhörerin empfunden:
Lieber möchte ich mit solchen Schmetterlingen sterben, als vertrocknen ...

«UM GOTT ZU WERDEN BIN ICH GEKOMMEN»

«Dein Wort möge geschehen»,
sagte die Katze.

DER ALTE UND DIE KATZE IM BAUM

Ein Greis war alt,
zum Essen hatte er keine Speise,
zum Anziehen keinen Pelz,
ein ganz armer Mann war er.
Als der Alte Holz fällen ging,
fand er nicht einmal Holz.
Ein ganz elender Mensch war er.

An einem Tage stand der Greis auf,
sein Beil nahm er,
nach Holz ging er.
Nach Holz gehend, fand er kein Holz.
Zu einem Baumstumpf kam er,
den Baumstumpf schlug er mit dem Beil,
den Baumstumpf vermochte er nicht umzuwerfen,
der Baumstumpf öffnete sich.
Eine Katze kam aus seinem Inneren heraus.
Die Katze sprach:
«Wohin gehst du, Alter?
Weshalb hast du meinen Baumstumpf geschlagen?»
Der Alte sprach:
«Wozu soll ich ihn schlagen?
Zum Essen habe ich keine Speise,
zum Anziehen keinen Pelz,
zum Brennen kein Holz,
wie soll ich denn nur leben?
Holz zu suchen ging ich aus,
um Holz zu nehmen, schlug ich.»
Die Katze sprach:
«Holz nimm nicht, Alter!
Gehe jetzt zu deinem Hause,
schlafe in deinem Hause.»

«Gut», sprach der Alte.
Zurück kehrte der Alte.
Aufs Bett legte er sich,
der Alte schlief ein,
als der Alte am Morgen aufstand,
war er ein reicher Mann.
Zum Essen war viel Speise da,
Wasser war fertig da,
wieviel süsse Speise war da!
Wieviel Kleidung zum Anziehen war da!
Das Geld zählte er nach Puden,
das Geld zählte er nach Tausenden,
als er es zählte waren es hundert Pud,
als er es zählte waren es hunderttausend.
Vieh hatte er viel,
Pferde hatte er viel,
Kühe und Schafe hatte er viel.
Die gute Kleidung zog er an,
die gute Speise ass er,
das fertige Wasser trank er,
betrunken war er, schlief ein,
als er am Morgen aufstand,
schien ihm die Speise wenig,
schien ihm seine Kleidung wenig.
«Das reicht mir nicht hin», sprach er.
Sein Beil nahm er,
ging zum Baumstamm,
den Baumstamm schlug er,
der Baumstamm öffnete sich,
die Katze kam heraus.
Die Katze sprach:
«Weshalb bist du gekommen?»
Der Alte sprach:
«Meine Speise ist wenig,
meine Kleidung ist wenig,
das reicht mir nicht hin,

um Kaiser zu werden, bin ich gekommen.»
Die Katze sprach:
«Gut, kehre jetzt zurück.
Nach Hause angekommen, schlafe!»
Der Alte kehrte zurück,
ass keine Speise, trank nichts,
legte sich aufs Bett und schlief ein.

Als er am Morgen aufstand,
war der Greis Kaiser,
sein Haus war ein goldenes Schloss,
er lag auf einem goldenen Bette,
ass aus einem goldenen Napfe,
zog einen goldenen Pelz an,
wieviele Sklaven hatte er!
Wieviele Beamte hatte er!
Seiner Untertanen waren viele.
Tausend Hengstherden hatte er.
Es lag und schlief der Alte,
als er am Morgen aufstand,
rief er nicht seine Beamten,
liess er nicht seine Sklaven kommen.
In seine Hand nahm er das Beil,
zum Baumstumpf ging der Alte,
zum Baumstumpf kam er,
mit dem Beile schlug er,
der Baumstamm öffnete sich,
aus dem Baumstamm kam die Katze.
Die Katze sprach:
«Weshalb bist du denn jetzt gekommen,
nachdem du Kaiser geworden,
was brauchst du denn jetzt noch?»
Der Alte sprach:
«Es ist gut, dass ich Kaiser geworden,
viel Gold habe ich,
viele Menschen habe ich.

Auf dieser Erde besser als ich
gibt es nichts.
Nur Gott ist grösser als ich,
um Gott zu werden bin ich gekommen.»
Die Katze sprach:
«Dein Wort möge geschehen, kehre zurück!
Schlafe in deinem Schlosse,
wenn du morgen aufstehst, wirst du sehen.»
Der Alte kehrte jetzt zurück,
legte sich, schlief ein.

Als er am Morgen aufstand,
war kein Schloss da,
war keine Kleidung da,
in einem schlechten Hause lag er,
Speise zum Essen hatte er nicht,
an der Erde lag der Alte.
Alt war der Greis geworden,
sein Nasenschleim floss zur Erde.
«Was ist mit mir geschehen?» sprach er.
«Zur Katze will ich gehen.
Von der Katze will ich Speise fragen,
von der Katze will ich Kleidung fragen.»
Auf den Füssen konnte der Alte nicht gehen.
Der Alte kroch davon,
zum Baumstamm kam er,
den Baumstamm schlug er,
der Baumstamm öffnete sich nicht,
die Katze kam nicht heraus.
Den Baumstamm schnitt er ab,
den Baumstamm warf er um,
keine Katze war da.
Den Baumstamm spaltete er,
nirgends fand er die Katze.
Nach Hause kehrte er zurück,
an der Erde lag der Alte,

zum Essen hatte er keine Speise,
zum Anziehen hatte er keine Kleidung,
der Alte starb.

Märchen aus Sibirien[46]

DER TIEFPUNKT

Wir hören von einem armen Menschen, der an Hunger und Kälte leidet. Er findet nicht einmal Holz zum Feuermachen.
Diese Kälte und Leere, Kargheit und Trostlosigkeit sind, symbolisch verstanden, Bilder für die schon fast verdorrte Seelenlandschaft des (alten) Mannes.

Als der Alte endlich einen Baumstumpf findet und ihn mit seinem Beil spalten will, kommt eine Katze heraus und spricht zu ihm. Plötzlich ist da ein lebendiges Wesen! Nun kann er der Katze klagen. Die Katze können wir hier (entsprechend dem Fisch im *Von dem Fischer un syner Fru* (KHM 17)) als *einen göttlichen Geist, der im Unbewussten verborgen ist und die Quelle aller Vorstellungskraft bildet* [47] sehen.

Einsame Menschen leben oft in einer solch kargen Seelenlandschaft, weil ihnen die menschliche Wärme fehlt. Vielleicht träumen sie vom «anderen» Leben, sie hoffen auf eine Veränderung von aussen.
Aber nicht nur einsame Menschen fühlen sich innerlich leer und ausgehungert. Solche Momente kennen wir alle.

Auch am Ende des Lebens kann ein Mensch diese Kargheit realisieren, wie eine Kursteilnehmerin sagte, die mit alten Menschen arbeitet: *Der Alte könnte für einen alten Menschen stehen, der reali-*

46 Der wahre Butt, Hrsg. Heinz Rölleke, Diederichs, 1978.
47 Hedwig von Beit, Band II, Seite 277.

siert, dass sein Leben bald verlöscht, und dem dabei bewusst wird, was er alles verpasst hat und jetzt darüber zu phantasieren beginnt.

HÖHEPUNKT UND ABSTURZ

Am ersten Morgen erwacht der Alte als reicher Mann! Aber er kann dieses Glück nur einen Tag lang geniessen, denn am zweiten Morgen erwacht er unzufrieden.
Der Absturz folgt, weil die Macht und der Reichtum nicht Schritt für Schritt aufgebaut wurden und deshalb die Beziehung dazu fehlt. Es liegt in der Natur des schnellen Reichtums, dass er sich oft rasch wieder verflüchtigt.
Spielsüchtige können nicht aufhören, auch wenn sie gewonnen haben. Heroinsüchtige brauchen den nächsten Schuss, um sich wieder gut zu fühlen.
Auch Menschen, die auf einem geistigen Weg inneren Reichtum suchen, können Höhepunkt und Absturz erleben. Wenn es ihnen nicht gelingt, die Weisheiten ihres spirituellen Meisters in ihren Alltag zu integrieren, bleiben sie unzufrieden und müssen weiter – zum nächsten Guru.

KAISER WERDEN IST NICHT SCHWER

Der Alte ist zwar jetzt ein reicher Mann, aber er möchte noch mehr. Kaiser muss er werden! Ähnlich unersättlich können auch Suchtkranke sein.
Wie der Spielsüchtige im Kasino: *«Er bekommt Ehrenkarten für Kasinos, die zum freien Eintritt berechtigen, wie zur Belohnung, dass er so brav verliert ... Man fühlt sich damit auch als, ich sag mal, als besonderer Gast irgendwo, man ist ja Ehrengast, hiess ja auch Ehrenkarte. Die hatte ich sogar in Gold sozusagen, das ist wie Eurokarte Gold oder so was.»* [48]

---

48 Spiegel 13/1993, Der Staat als Zuhälter.

UM GOTT ZU WERDEN BIN ICH GEKOMMEN

Das Kaisersein, sein goldenes Schloss und seine tausend Hengstherden geniesst der Alte nur einen Tag. Dann schlägt er wieder mit seinem Beil an den Baumstumpf und sagt zur Katze:
«Um Gott zu werden bin ich gekommen.»

Wenn der Mensch sich Fähigkeiten und Eigenschaften zu besitzen anmasst, die jenseits seiner Grenzen liegen, so muss solche Aufgeblähtheit unweigerlich zur Katastrophe führen ...»[49]
Bei manchem suchtkranken Menschen liegt die Aufgeblähtheit unter anderem darin, dass er sagt: «Ich habe alles im Griff.» Er glaubt alle Macht zu besitzen, aber dabei ist er daran, sich zu zerstören.
Nur noch Spielen, rauschhaft, fast ohnmächtig, fiebrig, immer öfter, immer hektischer, gewaltsamer, manchmal an fünf, sechs Tischen gleichzeitig.[50] Dieser Spieler hat die «Übersicht» und scheint sich wie ein kleiner Herrgott zu fühlen.
Was steckt aber hinter dem Wunsch, Gott zu sein? Möchte man über alles erhaben sein und absolute Macht spüren? Von Gefühlen und Ängsten unberührt sein? Mit dieser All-Macht könnte man versuchen, wie in diesem Märchen, die innere Kargheit restlos zu beseitigen und die Leere mit Glück zu füllen.
Oder steckt hinter dem Wunsch, Gott zu sein, nicht auch der Wunsch, sich selber zu finden, alles, also auch sich selbst zu erkennen?

DER SPIEGEL DER WAHRHEIT

«Dein Wort möge geschehen», antwortet die Katze dem alten Mann. Als er aber am nächsten Morgen erwacht, ist der ganze Reichtum verschwunden, und wie zu Beginn der Geschichte liegt er im schlechten Haus, hat weder Kleidung noch Speise.

49 Hedwig von Beit, Symbolik des Märchens, S. 224.
50 dito 48.

Was war geschehen, er wollte doch Gott werden? Dass er wieder arm und alt ist, brauchen wir nicht als Strafe für seine Anmassung (Hochmut kommt vor dem Fall) zu empfinden. Denn durch seine letzte Forderung, die ihm die Katze erfüllt, wird ihm der Spiegel vorgehalten, worin er sich selber erkennt. Und so ist Gott die Wahrheit, die Gegenwart, die Erkenntnis.

Für Drogen- und Spielsüchtige ist es schwierig, die Realität zu sehen und Verantwortung für ihre Handlungen zu übernehmen. Besonders dann, wenn sie zur Befriedigung ihrer Sucht straffällig geworden sind oder sich bei Familienangehörigen und Freunden verschuldet haben.
Voraussetzung für eine Abkehr von den Drogen ist, dass der Blick in den Spiegel, der die Wahrheit sagt, ertragen wird. Für viele von uns kann eine solche Erkenntnis aber zu schmerzhaft sein. Dann muss die nächste Betäubung, der nächste Rausch – oder schliesslich der Tod – den unerträglichen Schmerz stillen.

Für den Alten in unserer Geschichte war vielleicht die Erschütterung über sich selbst und seinen erbärmlichen Zustand so gross, dass er daran starb.

DIE GESCHICHTE EINES «ENTZUGS»

Der Dämon lebt im Inneren des Berges,
und er wirkt nachts, also ganz im
Verborgenen.
Deshalb ist es sehr schwierig, an ihn
heranzukommen.

DIE VERWÜNSCHTE KÖNIGSTOCHTER

Es war einmal ein Vater, der hatte einen Sohn, Peter hiess er. Eines Tages gefiel es Peter nicht mehr zu Hause und er forderte deshalb sein Erbteil, das waren zwanzig Taler, und ging damit in die weite Welt.

Einmal kam er vor einem Dorfe an, da fand er einen toten Menschen, und nicht weit davon pflügte ein Bauer. Peter ging zu dem Bauern und fragte:
«Warum wird der Mensch nicht begraben?»
Der Bauer antwortete:
«Der Tote ist arm, und das Dorf hat ihn nicht begraben lassen, weil das etwas kostet – und die Vögel und Füchse werden ihn über kurz oder lang schon fressen.»
Das dauerte Peter in der Seele, und er fragte sogleich:
«Was kostet die Beerdigung?»
Der Bauer antwortete: «So gegen zwanzig Taler.»
Da ging Peter zum Bürgermeister, gab ihm zwanzig Taler und befahl: «Begräbt den Toten, der vor dem Dorfe liegt.» Und das geschah auch. Er selbst blieb so lange im Dorfe, begleitete die Leiche, und dann reiste er weiter.

Wie er zum Dorfe hinaus und eine kurze Strecke fortgegangen war, kam ein Mann hinter ihm her, fing ein Gespräch mit ihm an und sagte: «Ich möchte gerne mit dir wandern.» Der Mann gefiel dem Peter und deshalb sagte er :«Ja.» Und er freute sich, dass er einen Begleiter gefunden hatte.

Mehrere Wochen waren die Zwei miteinander unterwegs. Sie hatten sich alles erzählt, was sie auf dem Herzen hatten, und waren Freunde geworden. Da kamen sie in eine Stadt, darin waren alle Häuser schwarz behängt, und oben im Schlosse wehte eine schwarze Fahne. Peter fragte:

«Warum ist die ganze Stadt in Trauer?»
Die Leute antworteten:
«Die Königstochter ist von einem Berggeist verzaubert. Tagsüber ist sie still und in sich gekehrt, bisweilen aber so böse, dass sie alles zusammenschlägt und umbringt, was ihr ins Gehege kommt, dabei ist sie doch ein schönes und gutes Mädchen gewesen und ist es noch immer.
Nur derjenige kann sie erlösen, der die Rätsel, die sie aufgibt, erraten kann. Gelingt es ihm aber nicht, so bringt sie ihn eigenhändig um. Schon viele Königssöhne haben ihr Leben verloren, und seit einem Jahr ist keiner mehr gekommen, der es versuchen wollte.»
Da sagte Peter zu seinem Begleiter:
«Was meinst du, soll ich's wagen? Sterbe ich, so sterbe ich für eine gute Sache; gelingt's, so könnte ihr und mir kein grösseres Glück widerfahren.»
Sein Begleiter sagte:
«Tu's nur, ich will dir beistehen; und damit du glaubst, dass ich es vermag, so will ich dir sagen, dass ich nicht ein Mensch bin, sondern der Geist von dem, den du dort im Dorf hast beerdigen lassen; ich weiss Mittel genug, dass du dein Vorhaben glücklich ausführen kannst. Geh also zum König und sage, du wollest die Königstochter erlösen.»

Peter ging also zum König und sagte:
«Verehrter König, Ich möchte versuchen, die Rätsel euerer Tochter zu lösen.»
Da sprach der König:
«Mein lieber junger Mann, da hast du dir etwas Schweres vorgenommen. Bedenke, es kostet dein Leben, wenn es dir nicht gelingt, meine Tochter zu retten. Sie bringt dich auf der Stelle um, wenn du nicht das Rätsel errätst, das sie dir aufgibt.»
«Das tut nichts», sagte Peter, «ich will's versuchen, es mag mir gehen, wie es will.»
«So komm morgen wieder», sprach der König, «ich will es meiner Tochter sagen.»

Darauf ging Peter zurück in die Herberge, wo sein Begleiter auf ihn wartete. Als er ihm die Antwort des Königs erzählte, sprach sein Begleiter:
«Lass es nur Abend und zehn Uhr werden, dann will ich es schon machen. Bis dahin sag keinem, was du vorhast, und sei nur guten Mutes. Du erlöst die Königstochter, dafür lass mich sorgen.»
Sie liessen es sich nun wohl sein, gingen miteinander aus und besahen sich die Stadt. Sie erkundigten sich, welches das Fenster vom Schlafzimmer der Königstochter sei. Dann gingen sie wieder in die Herberge, assen zu Abend und besprachen sich, bis es zehn schlug.
Da holte Peters Reisegefährte ein paar grosse Fittiche aus seinem Reisesack und eine schlanke eiserne Rute. Peter musste sich nun ausziehen, der Geist bestrich ihm die Schultern mit einer Salbe und setzte ihm die Fittiche an. Dann sagte er:
«Nun flieg zum Fenster von der Königstochter und pass auf, wenn sie herauskommt. Dann flieg ihr nach und haue sie mit der Rute immerzu, flieg dahin, wohin sie fliegt, und schleich da mit hinein, wo sie hineingeht.
Dann verkriech dich und und höre zu, was der Berggeist sagt. Sie wird ihm alles sagen und ihn auch fragen, welches Rätsel sie dir aufgeben soll. Dann gib genau acht und sei still.»
Als dem Peter die Flügel angewachsen waren, machte der Geist das Fenster auf und sagte:
«Rückwärts musst du der Königstochter ebenso folgen, bis sie wieder in ihr Fenster hineingeflogen ist.»
Nun kriegte Peter die eiserne Rute in die Hand, flog zum Fenster hinaus, über die Stadt weg zum Fenster der Königstochter. Da sah er, wie sie auch Flügel anhatte und im Zimmer hin und her rannte, als wenn sie nicht recht klug wäre. Er liess sich aufs Gesimse nieder und wartete, bis sie herauskam. Sowie es elf schlug, machte sie das Fenster auf und flog fort. Peter hinterher und fing an, sie zu prügeln, dass es ihn selbst dauerte. Doch ging es nicht anders, er musste dem guten Geist gehorchen, wenn ihm auch sein Herz blutete.

Endlich kamen sie an einen hohen Berg, der tat sich auf, und beide flogen hinein. Nun musste Peter sehr vorsichtig sein, schlich sich mit in den grossen Saal, wo nur einige Sterne leuchteten. Bei der Tür war ein grosser Altar und dahinter versteckte er sich, damit er alles hören und auch gleich Reissaus nehmen konnte, wenn es schlimm wurde oder wenn es Zeit war.

Die Königstochter lief auf den Berggeist zu, und er nahm sie in den Arm. Es war ein alter Mann mit schneeweissem Bart, seine Augen glühten wie Feuerkohlen – er sah grimmig und gefährlich aus. Es grauste Peter, aber er durfte sich nicht rühren. Er konnte sowieso nicht wieder hinaus, denn wo die Türe war, lag ein grosser Fels. Endlich sagte der Berggeist zur Königstochter: «Bist lange nicht dagewesen, hast lange keinen umgebracht, hast dich lange nicht können am Blut deiner Erlöser freuen. Ist also wieder ein Vogel ins Garn gegangen?»
«Ja», antwortete sie, «es ist wieder einer da, aber nur ein gewöhnlicher Mensch, kein Königssohn oder Graf. Draussen ist aber ein gewaltig starkes Hagelwetter, sieh her, mein hoher Geist, wie ich zerrissen und zerschlagen bin von den Hagelstücken», und das Blut floss an ihr nieder.
«Tut nichts», sagte der Berggeist, «desto mehr musst du deinen Menschen peinigen, desto mehr Freude musst du an seinem Blute haben, desto mehr musst du davon trinken, desto eher wirst du für mich rein und mein eigen.»
«Was soll ich ihm aber für ein Rätsel aufgeben, woran soll ich denken?» sagte die Königstochter.
«Denke an deines Vaters weisses Ross» antwortete der Berggeist. «Ist gut», sagte die Königstochter und bat: «Lass mich hinaus, denn es ist dreiviertel auf zwölf, und ich habe noch weit zu fliegen, du weisst, die zwölf kommt bald heran.»
Der Berggeist öffnete, die Königstochter machte sich wieder fort, und Peter hinterdrein, und draussen in der Luft ging das Schlagen wieder los bis zum Kammerfenster. Die Königstochter flog hinein, Peter flog nach Hause.

Sein Begleiter schlief schon, hatte ihm aber vorher gesagt, er solle die Fittiche vorsichtig abnehmen und sie wieder in den Reisesack legen, aber zusehen, dass er keine Feder knicke. Das tat Peter auch, und danach schlief er bis zum Morgen.

Am Morgen stand er auf, machte sich zurecht, frühstückte dann mit seinem Begleiter und ging darauf zum Schloss. Dort wurde er zur Königstochter geführt. Sie sass auf einem kleinen Sofa und sah recht betrübt aus, war aber ein allerliebstes Mädchen. Ihre Augen waren so sanft und gut, sie selbst war fein und zierlich; man traute ihr nicht zu, dass sie schon jemanden umgebracht hätte.

Als Peter hereintrat, stand sie gleich auf und kam auf ihn zu und sagte freundlich:
«Also du willst mich erlösen. Aber weisst du auch, dass es dein Leben kostet, wenn du mein Rätsel nicht errätst?»
«Ja», sagte er, «ich will es versuchen, muss ich sterben, so will ich gerne für dich sterben. Denn du bist so schön und gut und so lieb, dass ich gerne für dich den Tod leide. Sag mir also dein Rätsel.»
«Also soll es sein», antwortete sie ganz traurig, und die Tränen traten ihr in die Augen. Sie kam näher und sagte: «Du dauerst mich. Doch da du es nicht anders willst, so höre: Sag mir, woran ich jetzt denke.»
«Das ist nicht schwer zu sagen», antwortete Peter, «Königstochter, ihr denkt jetzt an eures Vaters weisses Pferd.» Die Königstochter wurde leichenblass und sagte:
«Du hast es erraten. Das Glück möge dir ferner günstig sein. Komm morgen wieder. Wenn du mich erlöst, sollst du königlich belohnt werden.»
Peter verbeugte sich und ging.

Den Tag verbrachte er wieder mit seinem Begleiter und war guter Dinge, und abends ging es ebenso wie das erste Mal, nur dass Peter diesmal zwei eiserne Ruten, in jede Hand eine, be-

kam, womit er die arme Königstochter schlagen musste. Doch als sie zum Berg kamen und in den Saal hineintraten, da war der Raum heller erleuchtet als am Abend zuvor, und in der Mitte war der Mond, der alles mit seinem Licht übergoss, und auf dem Altar lag ein grosser, stachliger Fisch.
Als die Königstochter wieder hineintrat und hinter ihr Peter sich hineingeschlichen hatte, schloss sich die Tür; die Königstochter ging auf den Berggeist zu, der auf einer Art Thron sass, und sagte:
«Hoher Geist, unser erstes Rätsel hat der Mann erraten. Was sagst du dazu?»
«Das geht nicht mit rechten Dingen zu. Eine geheime Macht waltet hier, die mir und dir zuwider ist. Diesmal soll er es aber nicht erraten. Diesmal sollst du an deines Vaters Schlachtschwert denken.»
«Gut», sagte die Königstochter, «der Flug hat wieder viel Blut gekostet, es hagelte diese Nacht schlimmer noch als die vorige, sieh, wie ich blute. Aber wenn er das Rätsel nicht errät, so soll er durch meines Vaters Schlachtschwert sterben, darauf verlass dich.»
«Tue also, meine Tochter, nun geh, und mach deine Sache gut, sag aber keinem das Rätsel», und damit ging sie fort und Peter hinterher; auf dem Weg bekam sie wieder ihre regelrechten Schläge, bis sie zum Fenster hinein war, und unser Peter flog nach Haus, tat seine Fittiche ab und legte sich ins Bett.

Am andern Morgen ging er wieder zur Königstochter und sie empfing ihn ebenso wie am vorigen Tag. Diesmal aber lag schon das blutige Schlachtschwert ihres Vaters auf dem Tisch. Als er hereintrat, fragte sie gleich:
«An was denke ich?»
«An das Schlachtschwert eures Vaters, gnädige Königstochter.»
Da sank sie zurück auf das Sofa und stammelte:
«Erraten! Morgen komm wieder. Das Glück möge dir noch einmal beistehen, dann wird alles gut.»
Damit ging Peter wieder weg und brachte seinem Begleiter die

Nachricht, dass er das zweite Rätsel auch erraten hätte. Beide machten sich einen vergnügten Tag, bis es dunkel wurde, assen dann zusammen, und Peters Begleiter sagte, wie es gegen zehn hinkam:
«Diese Nacht hast du noch ein schweres Stück vor dir. Diesmal bekommst du zwei eiserne Ruten, womit du die Königstochter prügeln musst, und ein zweischneidiges Schwert, mit dem musst du dem Berggeist den Kopf abhauen. Nimm dich aber in acht, wenn du in seinen Saal kommst, dass er dich nicht sieht, denn es wird diesmal so hell darin sein wie am Tage, und du wirst Mühe haben, dich vor ihm zu verbergen. Ich werde dich aber begleiten und, wenn du in Not bist, schützen. Hab nur guten Mut. Zuletzt wird er mit herausgehen, sowie er aber Abschied von der Königstochter genommen hat und in den Berg zurückgehen will, so haue ihm den Kopf ab und nimm ihn mit.»

Alles geschah so. Peter flog zum Fenster der Königstochter. Um elf Uhr kam sie heraus, er dahinter her und peitschte sie ganz erbärmlich bis in den Berg hinein. Als sie miteinander in den grossen Saal hineintraten, da stand die Sonne an der Decke, und alles war so hell wie am Tage; auf dem Altar lag der stachlige Fisch und stand ein feuriges Rad, doch hinter dem Altar war alles dunkel, dort versteckte sich Peter gleich.
Die Königstochter eilte zum Berggeist, warf sich ihm an den Hals und sagte wie in Verzweiflung:
«Wieder erraten!»
«Das ist schlimm», sagte der, «so denke diesmal an mein Haupt. Daran kann kein Sterblicher denken, am wenigsten ein Mensch.» «Oh», sagte sie, «wie bin ich diesmal zerfleischt von dem fürchterlichen Hagelwetter. Sieh meinen Rücken, meine Arme, mein Haupt, ich triefe von Blut.»
«Du dauerst mich, armes Kind», sagte der Berggeist. «Dies ist eine harte Probe. Jetzt geh und bade dich im Blut des Schändlichen. Ich werde mit dir sein, rechne auf mich; morgen bin ich unsichtbar bei dir. Diesmal soll es ihm nicht gelingen, dass er

das Rätsel errät», und so begleitete er sie hinaus. Als er zurückwollte, schlug ihm Peter mit einem Hieb das Haupt ab, fasste es an den Haaren und flog der Königstochter nach und schlug sie wieder bis vor ihr Fenster. Dann machte er sich nach Haus, legte sich ins Bett und freute sich auf den nächsten Tag. Er schlief wieder prächtig.
Am andern Morgen machte er sich wieder zurecht, nahm den Kopf des Berggeistes, wickelte ihn in sein Schnupftuch und ging aufs Schloss. Als er diesmal zur Königstochter ins Zimmer trat, war sie ganz blass vor Schrecken und wusste nicht, ob sie ihm das Rätsel sagen solle oder nicht. Da sprach Peter:
«Gnädige Königstochter, heute komm ich zum letzten Mal, sagt mir euer Rätsel, damit ich es errate oder sterbe.»
Und die Königstochter fragte mit zitternder Stimme, als wenn ihr Tod oder Leben davon abhing:
«Woran denke ich?»
Ohne zu antworten knüpfte er das Taschentuch auf und setzte das Haupt des Berggeistes auf den Tisch. Da rief die Königstochter. «Mein Erlöser!» und stürzte ihm ohnmächtig in die Arme. Er legte sie aufs Sofa. Als die Königstochter wieder zu sich kam, gab der König seine Tochter dem Peter zur Frau. Darauf sagte Peter:
«Ich muss zuerst noch einmal in die Herberge.»
Es wurden nun gleich ein grosser Wagen mit sechs prächtigen Pferden angespannt, und der Peter wurde hingefahren. Da kam ihm sein guter Begleiter in der Tür schon entgegen, half ihm aus dem Wagen, und sie gingen miteinander oben auf ihre Stube, und dort sagte der Begleiter zu Peter:
«Wenn du nun mit deiner Frau zu Bett gehen willst, so lass, ohne dass sie etwas davon weiss, eine grosse Wanne mit Wasser vor euer Bett setzen, und wenn sie diese Nacht aufspringt und fortwill, so springt sie in die Wanne mit Wasser, dann tauche sie gleich unter, dann wird ein Rabe daraus kommen und fortfliegen, dann tauche sie nochmals unter, so wird eine Taube herauskommen und sich auf deine Schulter setzen, dann tauche sie nochmals unter das Wasser, dann wird die Königstochter in

ihrem wahren Wesen und ihrer vorigen Engelsschönheit daraus heraufsteigen, dann küsse sie dreimal und sei glücklich mit ihr. Nach dem Tod des alten Königs wirst du König werden. Nun leb wohl, jetzt hast du mich nicht mehr nötig; ich verlasse dich jetzt und die Welt. Meine Schuld glaube ich, habe ich dir bezahlt. Leb wohl und sei glücklich!» Danach war er verschwunden.

Peter setzte sich in den Wagen und war sehr traurig über den Abschied von seinem Begleiter und fuhr dann zurück zum königlichen Palast. Hier befolgte er alles getreulich, was ihm sein guter Geist gesagt hatte, und es kam auch alles so; er wurde mit seiner Frau so glücklich wie ein König.
Und später ist er auch König geworden und hat sein Land gut regiert bis an sein seliges Ende.

Märchen aus dem Harz, Deutschland[51]

Als ich dieses Märchen las, erinnerte es mich an die Schilderung eines Vaters: *Ich begleitete meinen Sohn beim kalten Entzug.*[50] *Eine Woche lang war ich sozusagen der Böse, weil ich ihn daran hindern musste, aus dem Haus zu gehen, um sich Drogen zu besorgen. Er litt, körperlich und seelisch. Es war schwer, ihn leiden zu sehen.*

DER HILFEBEDÜRFTIGE HELFER

Peter, der Held unserer Geschichte, zieht mit seinem Erbe frohgemut in die weite Welt. Und recht bald schon stösst er auf einen Toten, der unbegraben auf einem Feld liegt. Den Leichnam sehen wir hier als ein Sinnbild für ein Stück ungelebtes Leben von Peter. Es kann auch schon Überfälliges und Totes, das endlich begraben wer-

51 Deutsche Märchen seit Grimm, Diederichs, 1964.
52 Entzug ohne Ersatz- oder Beruhigungsmittel.

den muss, bedeuten. Peter gibt wie selbstverständlich für das Begräbnis sein ganzes Erbe her. Damit hilft er, ohne es zu wissen und ohne Berechnung, seinem zukünftigen Helfer und damit auch sich selber.

Sein ganzes Erbe hergeben bedeutet hier auch die Erziehung, die Lebensanschauungen und Leitsätze – die er von seinen Eltern übernommen hat – in Frage zu stellen und wenn nötig herzugeben und loszulassen. Dadurch gewinnt er neue Kraft und einen geistigen Helfer.

DAS LEIDEN DER KÖNIGSTOCHTER

Peter kommt nun mit seinem Begleiter in eine Stadt, in der alle Menschen um die Königstochter trauern. Diese ist nämlich schon lange in der Macht des Berggeistes, und niemand war bisher imstande, sie zu erlösen.
Die Königstochter ist im Märchen oft Symbol für die suchende Seele und in dieser Geschichte die einzige weibliche Figur. Die Königstochter, das Weibliche, kann nicht mehr frei wirken, weil sie in der Macht eines (männlichen) Dämons ist.

Abends wartet die Königstochter unruhig auf die elf Glockenschläge. Eine Kursteilnehmerin hat folgendes Bild dazu: *Sie ist ganz zart und feingliedrig, wie eine Elfe, mit durchsichtigen Flügeln, wie eine Motte, sie rennt sich wund an den rauhen Wänden des Zimmers, sie tut sich weh, rennt immer an, bis es elf Uhr schlägt.*
Diese Schilderung erinnert an Drogensüchtige, die abends auf den grossen Bahnhöfen unruhig hin und her laufen, um sich bei einem der eintreffenden Dealer ihren Stoff zu besorgen.
Tröstlich ist, dass die Königstochter nie lange beim Berggeist verweilt, vor Mitternacht muss sie wieder zu Hause sein. Sie lebt auch noch in einer anderen Welt. Aber dort ist ihr Vater, der König, scheinbar machtlos, ihr Leiden zu mildern.
Nur eine neue, noch junge und unverbrauchte Kraft (Peter) kann

hier helfen. Der König (das herrschende Bewusstsein, das schon lange regiert) ist dazu nicht fähig.
Ist es im Alltag nicht auch so, dass betroffene Familien mit suchtkranken Angehörigen Hilfe von aussen brauchen? Der Vater, der – wie eingangs erwähnt – seinen Sohn während des kalten Entzugs begleitet hat, ist eine Ausnahme.

DIE MACHT DES BERGGEISTES

Wie haust dieser Dämon? Er wohnt im Berg in einem grossen Saal und sitzt auf einer Art Thron, beim Eingang steht ein Altar. Dieser Raum erscheint vielen Hörerinnen und Hörern als eine kalte und feuchte Höhle. Ein Schüler sagte treffend: *Die Sterne, der Mond und die Sonne beim Berggeist sind bestimmt nicht die natürlichen, das Licht ist so kalt und unangenehm.*
Wofür steht dieser Dämon? Er könnte hier eine nicht bewusste Seite des Vater-Königs darstellen. Wir erfahren, dass der Dämon die Königstochter freudig empfängt, sie «Tochter» nennt und sie ihn «hoher Geist». Diese Kraft ist machtvoll und bewirkt, dass die Tochter ihre Freier umbringt und somit dem Dämon «gehört». Über der ganzen Königsstadt liegt bereits sein schwarzer Schatten.

Der Berggeist bewirkt, dass die Königstochter, obwohl ihr eigenes Wesen sanft und gut ist, tötet. Die Männer, die sie selbst umbringt, setzten ihr Leben ein, um sie zu befreien. Symbolisch gesehen tötet sie damit jene Kraft in sich selbst, die sich bedingungslos für das Leben und die Liebesfähigkeit einsetzt.

Der Dämon lebt und wirkt im Inneren des Berges und nachts, also ganz im Verborgenen. Deshalb ist es sehr schwierig, an ihn heranzukommen.

WORAN DENKE ICH?

Die Rätsel der Königstochter lauten dreimal: «Woran denke ich?» Ist es nicht ihr tiefer Wunsch, erkannt und dadurch erlöst zu werden?
Weil Peter ihr nachts so nahe ist, ohne dass es ihr bewusst wird, wächst die Sehnsucht nach Erlösung immer mehr. Auf die Schläge, die Peter ihr dabei versetzt, will ich später eingehen.
Als Peter nun das erste Rätsel löst, sagt sie: «Du hast es erraten, das Glück soll dir auch ferner günstig sein. Komm morgen wieder. Wenn du mich erlöst, sollst du königlich belohnt werden.»
Beim zweiten Mal: «Erraten! Morgen komm wieder. Das Glück möge dir noch einmal beistehen, dann wird alles gut.»
Und beim dritten Mal sagt sie: «Mein Erlöser!» und fällt in Ohnmacht.

Die Erlösung besteht darin, dass die liebende und erneuernde Kraft von Peter die besessene Königstochter zwar begleitet, aber doch in der nötigen Distanz wahrnimmt. Wenn sie nachts zum Berggeist fliegt, muss er sich vor ihr und vor dem Berggeist hüten und verstecken. So gelangt er unbemerkt zum Dämon, wo er den Schlüssel zur Erlösung der Königstochter erfährt.

«SCHLÄGE» IN LIEBE

Die Schläge mit den Eisenruten beschäftigen die Kursteilnehmerinnen verständlicherweise besonders. Der Märchentext lässt uns die Freiheit, das nächtliche Geschehen nicht auf der körperlichen Ebene, sondern auf der symbolischen zu verstehen. Aber natürlich erleben wir die Märchenbilder auf unserem Erfahrungshintergrund, und dazu gehört auch das Wissen, dass der Mensch tatsächlich fähig ist, einen anderen mit Eisenruten zu schlagen.
Die Schläge von Peter sind auf der inneren Ebene zu verstehen, denn er ist geführt vom guten Schutzgeist: *Er musste ihm gehorchen, wenn ihm auch sein Herz blutete*, heisst es.

Die spontane Reaktion einer Frau auf dieses Märchen war: *Im Moment bin ich wie Peter und muss es sein. Wir haben ein Mädchen in Pflege, welches missbraucht wurde. Es möchte jedoch immer wieder zu diesem Mann – es ist süchtig nach ihm. Ich muss es ihr aber verbieten. Das gibt Streit und Kämpfe. Da muss ich wie Peter sein.*
Am Märchen irritiert mich am meisten, dass Peter den Tag und das Essen geniessen kann. Denn im Alltag bereitet es mir Mühe, wenn wir nach einem Streit wieder friedlich bei Tisch sitzen, wie wenn nichts gewesen wäre. Vielleicht kann ich von diesem Märchen lernen.

Möchten wir einem suchtkranken Menschen helfen, der sich von seiner Sucht befreien möchte, kommen er selber oder wir Helfer um das «Schlagen» in Liebe nicht herum. Denn schon das Nein-ich-geb-dir-kein-Geld, das Nein-jetzt-gebe-ich-dir-keinen-Schnaps ist für den Süchtigen jedesmal ein schmerzlicher Schlag.
Innerpsychisch können die Schläge auch als quälende Selbstvorwürfe gesehen werden: Ich soll nicht hin, ich darf und möchte eigentlich nicht, und doch muss ich hin (zum Dealer, in die Apotheke, Alkohol kaufen).

Die Hagelkörner, welche die Königstochter zu spüren glaubt, sind etwas Natürliches. So gesehen ist es ein Bild dafür, dass jeder Entzug, körperlich und psychisch, natürlicherweise mit Schmerzen verbunden ist.

Eine Frau berichtet vom Schlafmittelentzug in einer Klinik[53]:
«In der Nacht werde ich immer wieder wach. Ich bin unruhig und nervös. Meinem Körper fehlt das gewohnte Gift. Herzflattern. Am liebsten würde ich davonlaufen, zurück zu meinem Badezimmerschrank. Ich möchte mit meinem Mann reden, ihn anschreien. Am liebsten würde ich ihn umbringen ...
Zwar will ich nicht, dass er kommt, aber ich will auch nicht, dass er wegfährt. Nichts im Griff, alles ist Chaos. Ich muss mich entwöhnen, Schritt für Schritt.»

---

53 Tages-Anzeiger vom 15. April 1993, Hast du gut geschlafen?

DAS HEILSAME BAD

Weshalb ist dieses Märchen mit der Hochzeit noch nicht zu Ende? Der gute Geist sagt zu Peter, dass er die Königstochter nun noch dreimal ins Wasser tauchen muss. Hat sie nicht schon genug gelitten?
Wasser ist reinigend und symbolisiert ganz allgemein das Unbewusste. Die Königstochter muss noch dreimal in ihr Unbewusstes eintauchen, um mit ihrem eigenen Urgrund in Verbindung zu kommen. Im Märchen geschieht dies im Schutz der Nacht und im Schlafzimmer (privater Raum), in Gegenwart eines liebenden Menschen.
Zuerst muss der schwarze Vogel, die dunkle und destruktive Kraft, gesehen und erkannt werden. Ebenso muss auch der weisse Vogel als der lichte und helfende Anteil wahrgenommen werden. Der schwarze Vogel fliegt fort, und sie ist endültig von der Macht des Dämons befreit. So wird sie endlich sich selbst – und Königin.

Die Taube setzt sich auf Peters Schulter und wird die zwei wohl noch lange begleiten.

DER LANGE WEG BIS ZUR BEFREIUNG

Perlen schenken
sie verwandeln
sich in Worte
unechte
echte

Nur
der Märchenmann
kann sie
erkennen

Rose Ausländer

DIE GOLDKINDER

Es war einmal und ist doch nie geschehen, da lebte ein Bojarensohn, der ritt in allen vier Himmelsrichtungen durch die Welt, um diejenige zu finden, die ihm bestimmt war.
Als er an allen Ecken und Enden umsonst gesucht hatte, kehrte er um und kam, nicht weit von seines Vaters Haus entfernt, an einem Flachsfeld vorbei. Im Feld standen drei Mädchen, die schnitten mit ihren Sicheln den Flachs ab und plauderten und lachten. Er war in Gedanken versunken und schaute nicht hin, aber plötzlich traf ihn ein Wort wie ein Blitz, und er fuhr hoch.
«Was sagt ihr da, ihr Mädchen?» rief er und zog die Zügel an.
Da trat die Älteste vor und sprach:
«Ich habe gesagt: Wenn er mich zur Frau nimmt, der Bojarensohn, der da reitet, dann bringe ich ihm eine Spindel und bekleide den ganzen Hof.»
Die Mittlere trat auch ein wenig vor und sprach:
«Ich habe gesagt: Wenn er mich zur Frau nimmt, der Bojarensohn, der da reitet, dann bringe ich ihm ein Brot und ernähre den ganzen Hof.»
Und die Jüngste kam ebenfalls einen Schritt näher und sprach:
«Ich habe gesagt: Wenn er mich zur Frau nimmt, der Bojarensohn, der da reitet, dann bringe ich ihm zwei goldene Kindlein zur Welt, zwei Kindlein aus lauterem Gold.»
Der Bojarensohn stutzte, und nach kurzem Bedenken sprach er zu der Jüngsten:
«Mädchen, mir gefällt, was du sagst, und wenn du willst, so nehme ich dich zur Frau.»
Wie hätte sie nicht einwilligen sollen? Er war ein Baum von einem Rumänen, der Bojarensohn, grün wie eine Tanne auf dem Berg und stark wie eine Eiche, die dicht im Laub steht. Sie wurde rot wie eine Pfingstrose und antwortete:
«Sei es denn so! Wenn du der bist, der mir bestimmt ist von den grossen Weberinnen, so sollst du mich haben, wie ich dich in al-

le Ewigkeit, auch wenn kreuz und quer Hindernisse aufsteigen zwischen uns.»
Da führte der Bojarensohn die Flachsmaid heim und hielt Hochzeit, und als die Frau guter Hoffnung war, freute er sich bis zum Mond und zur Sonne hinauf. Er liess eine Wiege machen, an der jeder Faden aus schwerer, schimmernder Seide war. Da hinein wollte er seine Goldkinder legen.

Auf dem Hof lebte aber eine junge Hexe mit einem schwarzen, verschlagenen Herzen. Die rief, als die Stunde der Geburt herankam, eine Muhme als Wehmutter herbei und sagte der Herrin:
«Niemand kann dir so gut beistehen wie sie.»
Der Bojarensohn war gerade über Land. Die hinterlistige Muhme sagte nun:
«Bei uns, Gebieterin, ist es Brauch, dass die Wehmutter die Neugeborenen im Kornsieb auffängt und die Mutter nicht auf sie blickt.»
«Gut, Mühmchen, es geschehe alles, wie es hier Brauch ist», sprach das Flachsmädchen. Ihr Herz war rein und ohne Falsch und wollte allen wohl, wie konnte sie ahnen, dass die Wehmutter ihr übel wollte? Sie gebar, wie sie es versprochen hatte, zwei Kindlein aus lauterem Gold. Die verruchte Alte jedoch, was tat sie damit?
Sie ging in den Stall hinaus und warf sie vor die Pferde, ins Kornsieb jedoch legte sie zwei neugeborene Hündchen und zeigte sie der Herrin:
«Da sieh, was du hervorgebracht hast!»
Die Flachsmaid richtete sich auf und rief entrüstet:
«Wie könnte dies sein? Nein, nein, dies ist nimmer die Wahrheit!»
«Es ist, wie es ist», überschrie sie die Wehmutter, und als eben jetzt der Bojarensohn heimkam, streckte sie ihm das Kornsieb mit den Hündchen entgegen und zeterte:
«Du Ärmster, was hat diese Frau dir beschert!»
Der Bojarensohn starrte entsetzt auf die Hündchen, und dann

wurde er so zornig, dass er das Flachsmädchen verstiess und der jungen Hexe zur Magd gab, die junge Hexe jedoch zu seinem Weibe nahm. Die arme Mutter wusste wohl, welches Unrecht ihr angetan wurde, aber sie schwieg und vertraute auf Gott. Einmal, einmal würde er gewiss noch die Schale des Erbarmens ausgiessen über sie, dann kam ihre Unschuld ans Licht.

Im Stall aber sagte das stärkste der Pferde zu den anderen: «Brüder, passt auf, dass keiner mit seinem Huf die schönen Goldkinder berührt! Wärmt sie vielmehr mit eurem Hauch, damit sie nicht frieren, denn diese Kleinen werden einst eure Herren sein!»
Als die Muhme nachschaute, ob sie noch lebten, lagen sie warm und wohlbehalten zwischen den Pferden. Die schwarze Hexe riss sie hervor und trug sie zu den Kühen hinüber. Aber alsobald erhob die älteste Kuh ihre Stimme und sprach:
«Liebe Schwestern, passt auf und sorgt dafür, dass die Goldkinder nicht dürsten. Wir wollen vielmehr sie der Reihe nach tränken, denn diese Kleinen werden einst unsere Herren sein.»
Wiederum fand die Alte die Goldkinder unversehrt, als sie nachschaute, und sie nahm sie und warf sie vor die Schweine. Als aber die Schweine ehrfürchtig Platz machten, packte sie die zwei Goldkinder und begrub sie auf dem Misthaufen neben dem Stall.

Wisst ihr, was jetzt geschah? Aus dem Misthaufen wuchsen zwei Apfelbäumchen, und ihre Rinde war durchsichtig und leuchtete. Sie wuchsen an einem Tag so viel wie andere Bäume in einem Jahr, und bald trugen sie goldene Äpfel, die mit ihrem Glanz die Nacht zum Tag erhellten. Als die Hexe dieses Wunder sah, bekam sie Angst und sprach zu ihrem Mann:
«Höre, die beiden Apfelbäume neben dem Stall, die müssen wir fällen und daraus Bretter machen für unser Bett.»
«Langsam, langsam, Weib, siehst du nicht, dass diese Bäumchen der Stolz des ganzen Hofes sind?»

«Sei es, aber mir steht nun einmal der Sinn danach, dass du sie fällst, und wenn du es nicht tust, so esse ich Brot und Salz auf einem Teller nicht mehr mit dir.»
Da war der Bojarensohn ihr zu Gefallen, legte Hand an die Bäumchen und machte zwei Bretter daraus für das Bett. In der Nacht aber hörte sein Weib, die schwarze Hexe, wie die Apfelbaumbretter miteinander redeten.
«Schwesterchen», sprach das eine, «ist sie schwer, deine Last?»
«Schwer», kam die Antwort, «schwer, denn das Heidenweib liegt ja auf mir. Dir aber, Brüderchen, ist sie dir schwer, deine Last?»
«Mitnichten ist sie schwer, denn der liebe Vater ruht ja auf mir.»
Jetzt erschrak die Hexe noch mehr, und der Schlaf floh weit weg von ihrem Lager. Bis zum Morgengrauen sann sie Unheil, dann rüttelte sie ihren Mann wach und sprach:
«Die zwei Bretter taugen nichts. Schlag sie zusammen, denn ich träumte böse Träume darauf.»
«Wo denkst du auch hin?» erwiderte der Mann, «warum soll ich so schöne Bretter gleich zusammenschlagen?»
«Warum weiss ich auch nicht, aber wenn du es nicht tust, gehe ich hin und verlasse dich.»

Das wollte der Bojarensohn auch wieder nicht, und er nahm das Beil und schlug die Bretter in Stücke. Sein Weib aber las alle Splitterchen auf und legte sie aufs Herdfeuer. Die Türe schloss sie fest zu, und alle Fenster verstopfte sie. Gleichwohl sprangen zwei Funken durch den Rauchfang ins Freie. Sie fielen in den Garten, und wie sie die Erde berührten, entsprossen ihr zwei Büschel Basilienkraut.

Nun müsst ihr wissen, dass der Bojarensohn ein Lämmlein besass, das zog er selbst auf, und es war ihm das Liebste im ganzen Hof.
Das Lämmchen entwischte gerade heute in den Garten, und als es das schöne Basilienkraut sah, hüpfte es herbei und frass es auf. Von Stund an war seine Wolle lauteres Gold. Der jungen

Hexe lief die Galle über, als sie es sah. Sie tat sich aber Gewalt an und sprach erst nach einigen Tagen wie von ungefähr zu ihrem Mann: «Wie gelüstet's mich doch, ein wenig zu essen vom Fleisch unseres Lammes!»
Diesmal jedoch kam sie übel an. Der Bojarensohn gab ihr harte Worte und schalt:
«Nicht einmal denken sollst du daran, du Weib mit dem Herzen von Stein, denn mir ist es lieb, dieses Lamm.»
Da merkte die Hexe, dass sie einen anderen Weg einschlagen musste. Sie stellte sich krank. Eine ganze Woche lang quälte sie den Mann mit ihrem Jammern, dann fuhr sie mitten in der Nacht aus dem Schlaf empor und gellte:
«Mann, jetzt hab ich's! Mir träumte, dass ich gesund werde, sobald ich vom Fleisch unseres Lammes ein Stück esse!»
«Nicht doch, Weib. Da wollen wir doch lieber die Zauberer des ganzen Landes zusammenrufen, dass sie einen Heiltrank mischen für dich.»
«Mein Heiltrank ist der Saft dieses Lammes, und wenn du es nicht schlachtest, so weiss ich es, du willst meinen Tod.» Da konnte der Bojarensohn nicht anders, er schlachtete sein Lamm und brachte es den Mägden in die Küche. Schon war auch die Hexe zur Stelle und passte auf, dass kein Haar und kein Knöchlein verlorenging oder unbeachtet auf den Boden fiel. Die Eingeweide zählte sie selber und gab sie ihrer Vertrauten, damit sie zum Fluss gehe und sie wasche.
«Du bist des Todes, wenn du auch nur ein Flöckchen davon verlierst», rief sie ihr nach.
Nun weiss ich nicht, wie es kam, aber als die Dienerin die Därme wusch, brach ihr ein Endchen ab, und weil das Endchen so klein war, dass niemand sein Fehlen bemerken konnte, warf sie es in die Flut.

Am nächsten Morgen musste die verstossene Mutter, das arme Flachsmädchen, Wasser schöpfen am Fluss. Wie sie aber die Krüge in die Wellen taucht, was erblickt sie da? Weit draussen im Fluss eine Insel von funkelnden Kieseln, und darauf zwei

wunderschöne Kindlein, die mit goldenen Äpfeln spielen! Sie schaute und schaute, die arme Frau, und konnte sich nicht losreissen von dem Anblick. Sie blieb bis zum Abend am Ufer stehen, und erst als die Nacht hereinbrach, kehrte sie mit den Wasserkrügen heim.
Da fiel die schwarze Hexe über sie her und schlug sie, sie aber sprach:
«Höre auf, mich zu schlagen, o Herrin, denn für das, was ich sah, ist nicht einmal eine Woche lang genug, um sich satt zu sehen daran!»
Da wurde die Böse neugierig, und am nächsten Morgen ging sie auch mit zum Fluss. Wie angenagelt blieb sie stehen und rührte kein Glied, als sie die funkelnde Insel mit den zwei Kindern erblickte. Wie hätte sie sich auch abwenden können? Die Kinder spielten so friedlich, dass auch euch die ganze Welt feil gewesen wäre, hättet ihr ihnen nur ein Weilchen zusehen dürfen.

Den Tag hindurch kamen immer mehr Leute zum Fluss, um das Wunder zu sehen, und sie waren alle wie geblendet und schauten voll Liebe und Sehnsucht auf die funkelnde Insel. In der Menge befand sich aber eine Grossmutter, die hätte die schönen Goldkinder gerne bei sich daheim gehabt. Sie ging also nach Hause, die gute Baba, und holte ein Spindelchen und einen kleinen Hirtenstab. Mit einem Fuss im Wasser hielt sie diese Geschenke den Kindern hin und lockte sie mit liebreichen Worten heran.
Als die Kinder ihre Stimme hörten und die schönen Dinge sahen, jauchzten sie und sprangen der Baba entgegen, und das Mädchen legte seine Hand auf die Spindel und der Knabe auf den Hirtenstab. Da warf die Alte ihnen ein paar Lappen um und nahm sie zu sich in ihre Hütte.

Nicht lange danach rief der Bojar alle Kinder und jungen Mädchen zu einer Sonntagsfron auf den Hof, um Perlen aufzufädeln. Auch die Baba mit ihren Kindern ging hin. In der

Stube, wo alle zusammenrückten und über der Arbeit lachten und kicherten und sich Rätsel aufgaben, befand sich auch der Bojarensohn. Er ging scherzend von einem zum andern, und während sie das Grüne von den Bäumen herunterschwatzten, rief er plötzlich:
«Ihr Kinder, wisst ihr was? Statt mit den Zünglein nur leeres Stroh zu dreschen, erzählt mir jetzt jedes ein Märchen!»
Gleich stimmten ihm alle zu und begannen zu erzählen. Die einen wussten dies, die andern das, von dürrem Laub und grünem Gras, aber als die Reihe an die Kinder der Baba kam, fürchteten sie sich und sprachen:
«Bojar, was sollen wir denn sagen? Uns ist ja kein einziges Märchen bekannt.»
«Aber gewiss ist euch eines bekannt», ermunterte sie der Bojarensohn, «macht nur den Mund auf, gleich fällt euch eines heraus!»
Da öffnete der Knabe seinen Mund, und während er fortfuhr, die Perlen aufzureihen, sprach er:
«Es waren einmal drei Mädchen im Flachsfeld. Reiht euch Perlen, reiht euch auf, in des Fadens goldnem Lauf. Da ritt ein Bojarensohn vorbei. Das älteste Mädchen – reiht euch Perlen, reiht euch auf – trat ein wenig hervor und sprach: ‹Wenn er mich zur Frau nimmt, der Bojarensohn, der da reitet, bringe ich ihm eine Spindel und bekleide damit den ganzen Hof.›
Das mittlere Mädchen, – reiht euch Perlen, reiht euch auf – trat auch ein wenig hervor und sprach: ‹Wenn er mich zur Frau nimmt, der Bojarensohn, der da reitet, bringe ich ihm ein Brot und ernähre den ganzen Hof.› Das jüngste Mädchen aber sprach: ‹Wenn er mich zur Frau nimmt, der Bojarensohn, der da reitet – bringe ich ihm zwei goldene Kinder zur Welt, zwei Kinder aus lauterem Gold.› Der Bojarensohn nahm die Jüngste zur Frau und führte sie nach Hause. Zu Hause aber – reiht euch, Perlen, reiht euch auf – zu Hause diente als Magd eine Hexe.» Jetzt hielt es die schwarze Krähe von einer Hexe, die mitten in der Stube auf dem schönsten Sessel sass, nicht länger aus. Sie warf ihre Nadel zu Boden und rief:

«Brennendes Scheit und Kohlenglut,
Schweig und verstumme, du Höllenbrut!»

Aber der Bojarensohn sprach:
«Brennendes Scheit und Kohlenglut,
Sprich weiter, mein Knabe, mit frischem Mut!»

Da fuhr der Knabe fort: «Der Bojarensohn war über Land, als die Goldkinder geboren wurden. Da rief die Hexe ihre Muhme herbei, und die Muhme – reiht euch Perlen, reiht euch auf, in des Fadens goldnem Lauf – die Muhme vertauschte die Goldkinder mit neugeborenen Hündchen. Der Bojarensohn kam nach Hause, und er zürnte so schrecklich, dass er seine Gattin verstiess und der Hexe zur Magd gab, die Hexe aber – reiht euch Perlen – zu seinem Weibe erhob.

Die Goldkinder wurden von der Muhme den Pferden, Kühen und Schweinen vorgeworfen und zuletzt, weil alle Tiere sie beschützten, im Misthaufen begraben. Aus dem Misthaufen wuchsen zwei Apfelbäumchen mit goldener Rinde, und es ging nicht lange, so trugen sie goldene Äpfel. Die Hexe drang in den Bojarensohn, dass er die Apfelbäumchen fälle und zwei Bretter daraus mache für das Bett, und der Bojarensohn tat es.

In der Nacht schlief er, sein Weib aber wachte. Da sprach das eine Brett zum andern: ‹Schwesterchen, trägst du schwer?› und das andere seufzte: ‹Schwer, Brüderchen, schwer, denn die schwarze Hexe lastet auf mir. Dir aber, ist die Last schwer?› – ‹Oh, nein, es ruht ja der Vater auf mir!›»
Da fuhr die Zigeunerin dazwischen und schrie:
«Brennendes Scheit und Kohlenglut,
Schweig und verstumme, du Höllenbrut!»

Aber der Bojarensohn sprach:
«Brennendes Scheit und Kohlenglut,
Sprich weiter, mein Knabe, mit frischem Mut!»

Und der Knabe fuhr fort: «Die Hexe wollte, dass der Bojarensohn die Bretter in Stücke schlage, und er tat es. Sie aber sammelte alle Splitter und verbrannte sie. Zwei Funken jedoch sprangen durch den Rauchfang ins Freie und fielen in den Garten. Wo sie die Erde berührten – reiht euch, Perlen – entsprossen ihr zwei Büschel Basilienkraut. Der Bojarensohn hatte ein Lämmlein. Das Lämmlein entwischte in den Garten und frass das Basilienkraut auf, und von Stund an war seine Wolle golden.

Reiht euch, Perlen, reiht euch auf
in des Fadens goldnem Lauf.
Von des Märchens langen Reihn
wird noch viel zu sagen sein.

Als die Hexe das goldene Lamm sah, wollte sie seinen Tod. Sie stellte sich krank und verlangte als Speise sein Fleisch, und weil der Bojarensohn ihr Gejammere nicht länger ertragen konnte, schlachtete er das Lamm. Mit den Eingeweiden ging eine Dienerin zum Fluss. Beim Waschen brach ihr ein Endchen ab, und sie warf es ins Wasser. Es schwamm davon und kam auf eine Insel. Da sind wir beide – reiht euch Perlen, reiht euch auf – hervorgekommen und spielten mit goldenen Äpfeln.»

Als der Knabe so weit gekommen war mit der Geschichte, reihten sich seine und seiner Schwester Perlen ganz allein auf die goldenen Fäden, denn die Nadeln fanden von selbst ihren Weg. Wie die Hexe dieses Zeichen sah, fuhr sie zum dritten Mal dazwischen und schrie:
«Brennendes Scheit und Kohlenglut,
Sprich nicht weiter, du Höllenbrut!»

Aber der Bojarensohn stiess sie zur Seite und sprach:
«Brennendes Scheit und Kohlenglut,
Sprich weiter, mein Knabe, mit frischem Mut!»

Da fuhr der Knabe fort: «Eine freundliche Grossmutter brachte uns Hirtenstab und Spindel und nahm uns heim in ihre Hütte. Eines Tages rief der Bojar eine Sonntagsfron aus zum Perlenreihen, und die Baba nahm uns bei der Hand und führte uns auch auf den Hof. Und jetzt,

reiht euch, Perlen, reiht euch auf,
in des Fadens goldnem Lauf,
von des Märchens langen Reihn
soll auch das letzte gesprochen sein.

Jetzt aber stehen wir heil und ganz, wie unsere Mutter uns geboren hat, vor euch.» Bei diesen Worten warfen die Kinder ihre Lappen von sich und erstrahlten in der Pracht ihres Goldglanzes.
Ein Schrei des Entzückens ging durch den Raum, und allen Mädchen entrangen sich Seufzer der Liebe und der Sehnsucht.

Der Bojarensohn aber nahm die Kinder in seine Arme. Da fühlte er, dass sein Herz sich an dem ihrigen festhielt wie angeleimt, und er merkte, dass sie die Seinen waren.

Auch das Flachsmädchen kam herbei, ihre unglückliche Mutter, die um sie ganze Ströme von Tränen geweint hatte. Sie kniete zu ihnen nieder und küsste sie.
Da zog sie der Bojarensohn zu sich empor und bat sie um Verzeihung, denn endlich, endlich hatte er seinen Irrtum eingesehen.

Eltern und Kinder umarmten sich und weinten vor Glück. Sie dankten Gott, dass er sie wieder zusammengeführt hatte und ihnen jetzt Freude, so hell wie Engelsfreude, gab.

Die schwarze Krähe von Hexe jedoch wurde samt einem Sack Nüssen an den Schweif eines ungezähmten Hengstes gebunden, und der Hengst hinaus in die Steppe gejagt. So oft eine

Nuss fiel, fiel auch ein Stück von der Hexe ab, bis der Hengst ohne Nüsse und ohne das böse Weib wieder heimkehrte.

Da habe ich mich in den Sattel geschwungen
und vor euch von den beiden Goldkindern gesungen.

Märchen aus Siebenbürgen[54]

GOLDKINDER ODER HÜNDCHEN?

Der Drang und Zwang zur Selbstverwirklichung ist Naturgesetzlichkeit und daher von unüberwindlicher Kraft, auch wenn der Beginn ihrer Wirkung zunächst unansehnlich und unwahrscheinlich ist.[55]

Das Flachsmädchen bringt zwar wie versprochen zwei Goldkinder zur Welt, aber die alte Muhme zeigt ihr zwei Hündchen.
Sind nicht alle Kinder, die auf die Welt kommen, auch Goldkinder? Aber jede Mutter wird bei der Geburt ihres Kindes in gewissem Sinn auch zur Magd und muss vorerst dem Kind «dienen».
Auch «Hündchengefühle» sind da, und der Weg, bis die Mutter ihr Goldkind in die Arme schliessen kann, ist manchmal lang. Die Hündchen können hier für eine verfälschte Sicht stehen.
Ich habe das Wesen meiner Kinder auch erst erkannt, als sie etwa fünfjährig waren, wie diese Mutter. Vorher war ihr Wesen überdeckt mit meinen Vorstellungen, sagte eine Kursteilnehmerin.

Auch die Sucht verfälscht und überdeckt das eigentliche Wesen eines Menschen. Die «Goldkinder» können kaum mehr wahrgenommen werden, weder von sich selbst noch von den anderen.
Es ist tröstlich zu wissen, dass eine ursprüngliche Kraft (hier die Pferde, Kühe und Schweine) dafür sorgt, dass die Goldkinder nie ganz zerstört werden.

---

54 Das Zauberpferd, Hrsg. Sigrid Früh, Fischer TB 2856, vorläufig vergriffen.
55 Hedwig von Beit: Band II, Seite 261.

DIE MACHT DER HEXE

Als der Bojarensohn die Hündchen sieht, macht er die wahre Mutter, oder symbolisch gesehen, seine Seele zur Magd. Er verrät seine Seele, indem er die Widersacherin der Goldkinder zur Herrin macht. Die Hexe steht für eine verführerische Macht, die uns zu einer falschen Einstellung dem Leben gegenüber verleitet. Sie ist sozusagen Prüfstein für den Bojarensohn. Seine Lebensaufgabe ist es, seine schöpferischen Fähigkeiten von den zerstörerischen Impulsen (Hexe) unterscheiden zu lernen.
Im Märchen gerät der Bojarensohn plötzlich in die Macht der Hexe. Auch im wirklichen Leben können wir unvermutet in einen destruktiven Sog geraten. Thomas von der therapeutischen Wohngemeinschaft sagte: *Ich weiss genau, wann bei mir die Sucht begann. Aber weshalb, das weiss ich bis heute noch nicht.*

Wie in diesem Märchen haben auch suchtkranke Menschen sozusagen die wahre Mutter (in sich) und die Goldkinder (die Vision, die Liebe zum Leben) verstossen und handeln unter dem Einfluss einer zerstörerischen Macht (Sucht).

DER APFELBAUM – UMGEHACKT UND ZUM BRETT GEMACHT

Die Goldkinder werden im Mist vergraben, der als Dünger für die Bäumchen auch von den Tieren stammt. Der Apfelbaum galt und gilt in Europa und in Asien als Symbol des Lebens, der Liebe und der Fruchtbarkeit.
Die Hexe sieht dieses Lebenszeichen, und der Bojarensohn kann ihrem Wunsch, aus den leuchtenden Apfelbäumchen Bretter zu machen, nicht widerstehen. Die Goldkinder sind jetzt erstarrt, was uns an das Mädchen in Frau Trude (vergl. *So bist du unser Kind nicht mehr*) erinnert. Aber noch ist Leben in ihnen.

ZERSTÜCKELUNG UND AUFERSTEHUNG

Obwohl es dem Bojarensohn widerstrebt, zerhackt er die neuen Bretter auf Geheiss der Hexe. Denn sie droht, ihn sonst zu verlassen. Er täte freilich gut daran, sie gehen zu lassen.

Die Hexe sammelt alle Holzstückchen wieder auf[56], schliesst sich in der Küche ein und verbrennt sie.
Sobald also die «flüchtigen» Funken die Erde berühren, entstehen zwei zarte Basilikumpflänzchen. So manifestiert sich die letztlich unzerstörbare Lebensenergie in neuer Form.

Im Alltag eines schwer Suchtkranken geschehen solche Wandlungen manchmal erst, wenn er physisch – etwa nach einer Blutvergiftung oder einem Kollaps – und seelisch durchs Feuer musste. Denn eine Erstarrung löst sich oft erst durch einen Schock, und verschüttete Gefühle und Energien können erst dann wieder aufleben.

BASILIKUM UND OPFERLAMM

Wer durchs Feuer gegangen ist, ist sensibel und fühlt sich sehr durchlässig. Deshalb ist das Bild vom Basilikum stimmig, es ist ein anspruchsvolles Kräutlein und stirbt schnell ab, wenn es nicht sorgsam gehegt und gepflegt wird.

Seit der Geburt der Goldkinder hat sich der Bojarensohn nur vom Bösen, von einer verfälschten Einstellung dem Leben gegenüber leiten lassen. Aber doch hat er in dieser Zeit ein Lämmchen liebevoll aufgezogen. Und so frisst gerade sein Lämmchen die feinen Basilikumpflänzchen. Dadurch werden die Goldkinder wieder leib-haftig, zwar noch in Tiergestalt, aber doch für alle sichtbar.

56 Vergl. *Von dem Machandelboom* (KHM 47), wo Marlenchen alle Knochen ihres Bruders einsammelt, sowie den ägyptischen Osiris-Mythos.

Als Säugetier, das als Haustier gehalten wird, hat das Schaf im menschlichen Bewusstsein schon einen vertrauten Wert. *Wegen seiner Duldsamkeit und Einfalt galt das Schaf von jeher als fromm und stand in unmittelbarer Verbindung mit einer anderen Metapher der religiösen Sprache: dem göttlichen Hirten. Das Schaf war im Altertum neben dem Widder das beliebteste Opfertier*[57].
Der Bojarensohn tötet nun auf Geheiss der Hexe sein geliebtes Lämmchen. So sehr ist er mit seiner eigenen Destruktivität verbunden.
Vielleicht muss er aber auch seine «blinde Unschuld» und seine übergrosse «tierische» Duldsamkeit opfern, um endlich zur Wahrheit zu gelangen?
Auch ein Suchtkranker muss bereit sein, Opfer zu bringen, will er von seiner Sucht loskommen. Er muss Verzicht leisten können auf Rausch und Betäubung.

INSEL DES LICHTS

Beim Reinigen der Eingeweide des Schafes fällt ein kleines Stückchen (ein Teil vom Ganzen) ab, und der Fluss bringt es an einen geschützten Ort, weit weg von der Hexe und dem Bojarensohn. Auf der Insel kann sich diese Lebenskraft wieder entfalten, können die Goldkinder endlich wieder ihre Gestalt annehmen.

Bei Suchtkranken, die auf dem Weg zur Heilung sind, ist diese Insel vielleicht ein schützender Ort. Es ist die Zeit, in der sie nach all den «Abstürzen» wieder zu sich selber kommen können (z.B. in einer therapeutischen Wohngemeinschaft).
Die dienende Mutter wird beim Anblick der strahlenden und spielenden Kinder von Liebe und Sehnsucht ergriffen. Sie vergisst dabei ihre Herrin und bleibt ganz bei sich. Sie beginnt sich gegen ihre Unterdrückerin zu wehren. Die Hexe folgt ihr am nächsten Tag

57 Henry G.Tietze: Imagination und Symboldeutung, Knaur Esoterik.

zum Fluss und verstummt beim Anblick der spielenden Kinder. Langsam schwindet ihr Einfluss.
Im Leben eines genesenden Suchtkranken könnte das jenem Moment entsprechen, wo schöpferische und lebensbejahende Gefühle so stark geworden sind, dass sie sich der zerstörerischen Macht der Sucht klar gegenüberstellen.

DEN LEBENSFADEN SPINNEN LERNEN

Jetzt hilft die gute Baba, und sie symbolisiert Mütterlichkeit und Weisheit. Bei ihr verarbeitet das Mädchen mit der Spindel die Wolle, und der Knabe lernt Schafe hüten, symbolisch gesehen lernt er, seine Kräfte und Energien zusammenzuhalten.
Für Suchtkranke ist das vielleicht die Zeit während einer Therapie, mit anderen zusammen auf einem Schiff oder bei der gemeinsamen Arbeit auf einer Alp. Dabei können sie, umgeben von der Mutter Natur, am Faden ihrer Zukunft spinnen.

UND ALLES WIRD GUT

Zum ersten Mal wird der Bojarensohn aktiv. Er lädt an einem Sonntag alle Kinder zum Perlenaufreihen ein.
Der Sonntag ist der Tag der Sonne, und diese steht symbolisch auch für Klarheit, Bewusstheit.
Die Perle ist das Symbol für die Metamorphose des Leidens in Freude und Schönheit[58]. Sie bildet sich, weil die Muschel durch Kalkablagerungen den Fremdkörper, die Verletzung, «unschädlich» macht.
Ausser der wahren Mutter, die immer noch dient, sitzen alle in der Stube, der Bojarensohn und die Hexe, die noch unerkannten Goldkinder und die gute Baba.
Als der Knabe seine Geschichte zu erzählen beginnt, wächst die Spannung zwischen der Hexe und dem Bojarensohn. Zum ersten

58 Alfons Rosenberg: Einführung in das Symbolverständnis, Herderbücherei, 1984.

Mal lässt er sich von ihr nicht von seinem Vorhaben abbringen. Er hört dem Knaben aufmerksam zu, und die Perlen beginnen sich von selbst aufzureihen ... Weil der Bojarensohn sich nicht mehr von der zerstörerischen Kraft bestimmen lässt, können sich die Goldkinder wieder in ihrer wahren Gestalt zeigen.

Den Leidensweg der Goldkinder und der wahren Mutter können wir auf unser Leben übertragen, vor allem dann, wenn die eigene Destruktivität gross war oder ist. Folgende Fragen können helfen, sich über die wesentlichen Momente, die zur Sucht oder zur verfälschten Lebenseinstellung geführt haben, noch bewusster zu werden.

- Wann war ich «Hündchen», wann «Goldkind»?
- War ich der Stolz meiner Eltern?
- Wodurch liess/lasse ich mich verführen?
- Erlebte ich eine «Brett-Zeit», was hat mich von den Eltern belastet?
- Wann war die Hexe/die Sucht am mächtigsten?
- Bin ich durchs Feuer gegangen?
- Habe ich auch die letzten Gefühlsreste «zerstückelt»?
- War ich sensibel wie Basilikum?
- Was habe ich geopfert, um wieder die Sucht zu befriedigen, oder opfern müssen, um bewusst zu werden?
- Habe ich eine Vision, und was tue ich, um sie zu verwirklichen?
- Bekam ich Hilfe von der Baba, oder wo kann ich sie finden?

Der Weg der Goldkinder war leidvoll. Sie wurden vertauscht, weggeworfen, vergraben, umgehackt, zerstückelt, verbrannt, gefressen und geschlachtet.
Die Sehnsucht nach Liebe und der Drang nach Leben aber waren stärker.

ACHTUNG VOR DER BABA JAGA

«Du kannst fragen, aber nicht
jede Frage bringt Gutes:
Wer viel weiss, wird bald alt»,
sagte die Baba Jaga.

DIE WUNDERSCHÖNE WASSILISSA

In einem Reich lebte einmal ein Kaufmann. Zwölf Jahre war er verheiratet, aber er hatte nur eine einzige Tochter, die wunderschöne Wassilissa.
Als Wassilissa acht Jahre alt war, wurde ihre Mutter krank. Als sie auf dem Totenbett lag, liess sie Wassilissa zu sich kommen, holte unter der Bettdecke eine Puppe hervor und sagte:
«Höre gut zu, Wassilissa! Behalte meine letzten Worte und folge ihnen. Ich sterbe und hinterlasse dir mit meinem mütterlichen Segen diese Puppe; bewahre sie stets bei dir und zeige sie niemandem; solltest du Kummer haben, gib ihr zu essen und frage sie dann um Rat. Sie wird ein wenig essen und dir sagen, wie du dir in deiner Not helfen kannst.» Darauf küsste die Mutter ihre Tochter und verschied.

Nach dem Tod seiner Frau trauerte der Kaufmann so lange, wie es sich ziemte, dann aber überlegte er, ob er nicht wieder heiraten sollte. Er dachte an eine Witwe, die selbst zwei Töchter hatte, fast im gleichen Alter wie Wassilissa, es musste also eine gute Hausfrau und Mutter sein. Der Kaufmann nahm die Witwe zur Frau, aber er hatte sich in ihr getäuscht. Wassilissa war die Schönste im ganzen Flecken; die Stiefmutter und die Schwestern beneideten sie um ihre Schönheit und plagten sie mit schwerer Arbeit, damit sie mager würde und Wind und Sonne ihre weisse Haut bräunten; Wassilissa ertrug alles ohne Murren und wurde mit jedem Tag voller und schöner, während die Stiefmutter und ihre Töchter vor Bosheit immer magerer und hässlicher wurden, obwohl sie niemals einen Finger rührten, ganz wie feine Damen. Und wie kam das? Die Puppe half Wassilissa. Wie hätte das Mädchen sonst mit der Arbeit fertig werden sollen? Dafür hob Wassilissa die besten Bissen auf, schloss sich abends, wenn alle zur Ruhe gingen, in ihr Kämmerchen ein, bewirtete ihre Puppe und sprach mit ihr: «Hier, mein Püpp-

chen, iss und lass mich klagen! Ich wohne in meines Vaters Haus und kenne keine Freude; die böse Stiefmutter möchte mich aus der Welt haben. Lehre mich, wie soll ich leben, und was soll ich tun?» Die Puppe ass, gab Wassilissa guten Rat, tröstete sie in ihrem Kummer, und gegen Morgen verrichtete sie Wassilissas Arbeit; Wassilissa ruhte im Schatten und pflückte Blumen, und währenddessen wurden die Beete gejätet und der Kohl begossen, das Wasser geholt und der Ofen geheizt. Die Puppe hatte Wassilissa auch das Kraut gezeigt, das ihre Haut vor der Bräune bewahrte. Sie hatte es gut mit der Puppe.

So vergingen einige Jahre. Wassilissa wurde erwachsen und kam ins Heiratsalter. Alle Freier aus der Stadt hielten um Wassilissa an; die Töchter der Stiefmutter würdigten sie keines Blickes. Die Stiefmutter wütete ärger denn je und gab allen Freiern dieselbe Antwort: «Die Jüngste kommt nicht vor der Älteren aus dem Haus.» Und wenn sich die Freier verabschiedet hatten, liess sie ihren Ärger an Wassilissa aus.

Eines Tages musste der Kaufmann für längere Zeit in Handelsgeschäften verreisen. Da zog die Stiefmutter in ein anderes Haus um, in der Nähe dieses Hauses war ein dichter Wald, mitten im Wald auf einer Lichtung stand ein Häuschen, und in diesem Häuschen wohnte die Baba Jaga[59]*. Sie liess niemanden in ihre Nähe kommen und verschlang Menschen, als wären es Hühnchen. Sobald sie in das neue Haus eingezogen war, schickte die Kaufmannsfrau die ihr so verhasste Wassilissa immer wieder in den Wald, aber Wassilissa kehrte stets wohlbehalten zurück: Die Puppe wies ihr den rechten Weg und bewahrte sie davor, in die Nähe des Häuschens der Baba Jaga zu kommen.*

59 Mit der Betonung auf dem letzten Vokal: Baba Jagà

Es wurde Herbst. Die Stiefmutter teilte den drei Mädchen ihr Mass Arbeit für den Abend zu: die eine musste Spitzen klöppeln, die zweite Strümpfe stricken und Wassilissa spinnen. Sie löschte das Licht im ganzen Haus, liess bei den Mädchen eine einzige Kerze brennen und ging zu Bett. Die Mädchen arbeiteten. Da nahm die eine Stiefschwester die Schere, um das Licht zu putzen, löschte dabei aber wie aus Versehen die Kerze aus, wie es ihre Mutter befohlen hatte.
«Was sollen wir tun?» fragten die Mädchen. «Im ganzen Haus ist kein Licht! Und wir sind noch lange nicht fertig. Wir müssen uns Feuer bei der Baba Jaga holen!»
«Ich habe genug Licht von meinen Stecknadeln!» sagte das Mädchen, das Spitzen klöppelte. «Ich gehe nicht hin!»
«Ich gehe auch nicht», sagte die andere, die Strümpfe strickte. «Ich habe genug Licht von meinen Stricknadeln!»
«Du musst Feuer holen!» schrien die beiden. «Geh du zur Baba Jaga!» Und sie stiessen Wassilissa aus der Stube.
Wassilissa ging in ihr Kämmerchen, setzte der Puppe das aufbewahrte Essen vor und sagte:
«Hier, mein Püppchen, iss und lass mich klagen! Sie schicken mich zu der Baba Jaga Feuer holen. Die Baba Jaga wird mich auffressen!»
Die Puppe ass, und ihre Augen leuchteten wie zwei Kerzen. «Fürchte dich nicht, Wassilissa», sagte sie. «Geh, wohin sie dich schicken, behalte mich aber immer bei dir. Wenn ich bei dir bin, wird dir bei der Baba Jaga nichts Böses zustossen.»
Wassilissa zog sich an, steckte ihre Puppe in die Tasche, bekreuzigte sich und ging in den dichten Wald.

Sie ging die ganze Nacht durch den Wald und zitterte vor Angst. Plötzlich sprengte ein Reiter an ihr vorbei: Er selbst war weiss, seine Kleider waren weiss, das Ross unter ihm war weiss, das Zaumzeug war weiss – und schon brach der Tag an.
Sie ging weiter. Da sprengte ein anderer Reiter vorbei: Er selbst war rot, seine Kleider waren rot, und das Ross unter ihm war rot – und schon ging die Sonne auf.

Wassilissa wanderte den ganzen Tag, erst gegen Abend trat sie auf die Lichtung hinaus, wo das Haus der Baba Jaga stand.

Um das Haus war ein Zaun aus Menschenknochen, auf dem Zaun steckten Menschenschädel mit Augen; statt Pfosten am Tor – Menschenbeine; statt Riegel – Hände; statt Türschloss – ein Mund mit scharfen Zähnen. Wassilissa erstarrte vor Schreck und blieb wie angewurzelt stehen. Plötzlich ritt wieder ein Reiter vorbei; er selbst war schwarz, seine Kleider waren schwarz, das Ross unter ihm war schwarz; er sprengte auf das Tor der Baba Jaga zu und verschwand, als wäre er in die Erde versunken – es wurde Nacht. Aber es blieb nicht lange dunkel: In allen Schädeln auf dem Zaun begannen die Augen zu glühen, auf der Lichtung wurde es hell wie mitten am Tag. Wassilissa zitterte vor Angst, aber sie wusste nicht, wohin sie fliehen sollte und rührte sich nicht von der Stelle.

Bald erhob sich im Wald ein schreckliches Getöse: die Bäume knarrten, das trockene Laub raschelte – die Baba Jaga kam aus dem Wald. Sie fuhr in einem Mörser, trieb ihn mit dem Stössel an und wischte die Spur mit dem Ofenbesen aus. Sie kam an das Tor, hielt an, schnupperte und rief:
«Huh, huh! Hier riecht es nach Russen! Wer ist hier?»
Wassilissa trat ängstlich vor die Alte, verneigte sich und sagte:
«Ich bin es, Grossmutter! Die Stiefschwestern haben mich zu dir nach Feuer geschickt.»
«Recht so», sagte die Baba Jaga. «Die kenne ich. Du sollst eine Weile bei mir bleiben und für mich arbeiten, dann werde ich dir Feuer geben; und wenn nicht, dann verschlinge ich dich!»
Dann wandte sie sich dem Tor zu und rief:
«He, meine Riegel, meine festen, schliesst euch auf;
mein Tor, mein breites, öffne dich!»
Die Torflügel öffneten sich, die Baba Jaga fuhr pfeifend in den Hof, Wassilissa folgte ihr, dann schloss sich wieder alles. Die Baba Jaga trat in die Stube, streckte sich auf der Bank aus und sagte zu Wassilissa:

«Trag mir alles auf, was im Ofen steht: Ich habe Hunger.» Wassilissa steckte einen Kienspan an einem Schädel am Zaun an und begann, die Töpfe aus dem Ofen zu holen und der Baba Jaga das Essen aufzutischen. Alles war für ein gutes Dutzend Menschen gerichtet; aus dem Keller holte sie Kwas, Met, Bier und Wein herauf. Die Alte ass alles auf und trank alles aus; für Wassilissa blieb nur ein Löffel Schtschi[60]*, ein Kanten Brot und ein Restchen Spanferkel. Bevor sich die Baba Jaga schlafen legte, sagte sie: «Wenn ich morgen aus dem Haus gehe, musst du den Hof kehren, die Stube fegen, das Essen kochen, die Wäsche waschen und in die Kornkammer gehen, dort ein Tschetwert*[61] *Weizen holen und den Schwarzkümmel auslesen. Sieh zu, dass alles fertig ist, wenn ich zurückkomme, sonst fresse ich dich!»*

Nachdem sie dies befohlen hatte, begann die Baba Jaga zu schnarchen; Wassilissa stellte das, was die Alte übriggelassen hatte, der Puppe hin, weinte bitterlich und sagte:
«Hier, mein Püppchen, iss und lass mich klagen! Die Baba Jaga hat mir eine schwere Arbeit aufgetragen und gedroht, mich zu fressen, wenn ich nicht alles erfülle; hilf mir!» Die Puppe antwortete: «Fürchte dich nicht, wunderschöne Wassilissa, iss zu Abend, bete und leg dich schlafen; der Morgen ist weiser denn als der Abend!»

Wassilissa wachte in aller Früh auf, aber die Baba Jaga war schon auf den Beinen. Wassilissa schaute zum Fenster hinaus: die Augen in den Schädeln verglommen. Der weisse Reiter sprengte vorbei – es wurde hell. Die Baba Jaga trat auf den Hof hinaus, pfiff, und der Mörser mit dem Stössel und der Ofenbesen standen vor ihr. Der rote Reiter sprengte vorbei – die Sonne ging auf. Die Baba Jaga stieg in den Mörser und fuhr

60 russische Bohnensuppe
61 1 Tschetwert = 2.009 hl

davon, sie trieb ihn mit dem Stössel an und verwischte die Spur mit dem Ofenbesen.
Wassilissa blieb allein zurück, ging durch das Haus der Baba Jaga, staunte über die Fülle, die darin herrschte, und blieb unschlüssig stehen. Womit sollte sie ihr Tagwerk beginnen? Aber da sah sie, dass alle Arbeit schon getan war; die Puppe las aus dem Weizen die letzten Körnchen Schwarzkümmel aus.
«Ach, du meine Retterin», sagte Wassilissa zu ihrer Puppe, «du hast mich aus grosser Not gerettet.»
«Du brauchst nur noch das Essen zu kochen», antwortete die Puppe und schlüpfte in Wassilissas Tasche. «Koche mit Gottes Hilfe und ruh dich dann aus!»

Gegen Abend deckte Wassilissa den Tisch und wartete auf die Baba Jaga. Die Dämmerung kam, der schwarze Reiter sprengte vor das Tor – und es wurde ganz dunkel; nur die Augen der Schädel glühten im Finstern. Die Bäume knarrten, das Laub raschelte – die Baba Jaga brauste herbei. Wassilissa ging ihr entgegen.
«Ist alles getan?» fragte die Baba Jaga.
«Sieh selber nach, Grossmutter!» sagte Wassilissa.
Die Baba Jaga sah alles an, ärgerte sich, dass sie keinen Grund fand zu zürnen, und sagte:
«Nun gut!» Dann rief sie:

«Meine treuen Diener,
meine lieben Freunde,
mahlt mir meinen Weizen!»

Drei Paar Hände wurden sichtbar, nahmen den Weizen und verschwanden damit. Die Baba Jaga ass sich satt, legte sich zur Ruhe und gab Wassilissa einen neuen Befehl:
«Morgen musst du das gleiche tun wie heute, aber ausserdem musst du den Mohn aus der Kornkammer holen und ihn Körnchen um Körnchen verlesen. Jemand hat böswillig Erde darunter gemischt!» Die Alte sprach es, drehte sich zur Wand und schnarchte, Wassilissa aber gab ihrer Puppe zu essen. Die Puppe ass und sagte wie am Tag zuvor:

«Bete zu Gott und leg dich schlafen; der Morgen ist weiser als der Abend, es wird alles getan sein, Wassilissa!»
Am Morgen fuhr die Baba Jaga wieder in dem Mörser davon, und sogleich verrichteten Wassilissa und die Puppe alle Arbeit. Die Alte kam zurück, sah alles an und rief:

«Meine treuen Diener,
meine lieben Freunde,
presst das Öl aus dem Mohn!»

Die drei Paar Hände nahmen den Mohn und verschwanden damit. Die Baba Jaga setzte sich an den Tisch; sie ass, und Wassilissa stand schweigend dabei.
«Warum sprichst du nicht mit mir?» fragte die Baba Jaga. «Du stehst da, als wärest du stumm!»
«Ich habe es nicht gewagt», antwortete Wassilissa. «Aber wenn du erlaubst, möchte ich dich gerne etwas fragen.»
«Du kannst fragen, aber nicht jede Frage bringt Gutes: Wer viel weiss, wird bald alt!»
«Ich will nur danach fragen, was ich gesehen habe, Grossmutter. Als ich zu dir ging, überholte mich ein Reiter auf einem weissen Ross, er war selbst weiss und trug weisse Kleider. Wer war das?»
«Das war mein lichter Tag», antwortete die Baba Jaga.
«Dann überholte mich ein anderer Reiter. Er ritt auf einem roten Ross, war selbst rot und auch rot gekleidet. Wer war das?»
«Das war meine liebe rote Sonne», antwortete die Baba Jaga.
«Und wer ist der schwarze Reiter, der mich dicht vor deinem Tor einholte?»
«Das ist meine dunkle Nacht – sie alle sind meine treuen Diener!»
Wassilissa dachte an die drei Paar Hände und schwieg.
«Warum fragst du nicht weiter?» sagte die Baba Jaga.
«Ich habe genug gefragt; hast du doch selbst gesagt, Grossmutter: Wer viel weiss, wird bald alt.»
«Es ist gut», sagte die Baba Jaga, «dass du nur danach fragst, was du vor dem Zaun draussen gesehen hast und nicht hinter dem Zaun drinnen! Ich habe es nicht gern, wenn man den Keh-

richt aus der Stube trägt, und verschlinge jeden, der über das Mass neugierig ist! Jetzt will ich dich fragen: Wie stellst du es an, die Arbeit zu verrichten, die ich dir auftrage?»
«Mir hilft der Segen meiner Mutter», antwortete Wassilissa.
«Das also ist es! So scher dich weg, du gesegnete Tochter. Gesegnete kann ich nicht brauchen!»
Sie zerrte Wassilissa aus dem Haus, stiess sie vor das Tor, holte einen Schädel mit glühenden Augen vom Zaun herunter, steckte ihn auf einen Stock, drückte ihn ihr in die Hand und sagte: «Hier ist das Licht für deine Stiefschwestern, nimm es; deswegen haben sie dich doch hergeschickt.»

So schnell als sie nur konnte lief Wassilissa nach Hause, der Schädel leuchtete ihr und erlosch erst, als der Morgen dämmerte.
Endlich, am Abend des nächsten Tages, erreichte sie ihr Haus. Als sie auf das Tor zuging, wollte sie den Schädel wegwerfen: «Sie brauchen zu Hause», dachte sie, «gewiss kein Feuer mehr.» Aber plötzlich vernahm sie eine dumpfe Stimme aus dem Schädel:
«Wirf mich nicht weg, bring mich zu deiner Stiefmutter.»
Sie sah, dass kein einziges Fenster im Haus der Stiefmutter erleuchtet war, und entschloss sich, den Schädel mit ins Haus zu nehmen. Zum ersten Mal wurde sie freundlich empfangen, die Stiefmutter und ihre Töchter erzählten ihr, dass seit der Zeit, da sie fortgegangen war, im Haus kein Licht brennen wollte: So oft sie sich auch bemühten, es gelang ihnen nicht, eines anzuzünden, und wenn sie Glut beim Nachbarn holten, erlosch sie sofort in der Stube.
«Hoffentlich wird dein Licht nicht ausgehen!» sagte die Stiefmutter. Sie trugen den Schädel in die Stube; die Augen in dem Schädel richteten sich auf die Stiefmutter und ihre Töchter und versengten sie! Sie wollten sich verstecken, aber wohin sie auch flohen, die Augen folgten ihnen; am Morgen waren sie alle zu Asche verbrannt. Nur Wassilissa blieb unversehrt.

Am Morgen begrub Wassilissa den Schädel, schloss das Haus ab, ging in die Stadt und bat eine alte Frau, sie bei sich aufzunehmen; die alte Frau lebte ganz allein; so blieb Wassilissa bei ihr und wartete auf ihren Vater. Eines Tages sagte sie zu der Alten:
«Ich langweile mich ohne Arbeit, Grossmutter! Geh auf den Markt und kaufe mir vom besten Flachs; dann kann ich wenigstens spinnen.»
Die Alte kaufte vom besten Flachs; Wassilissa machte sich an die Arbeit, das Spinnen ging ihr leicht von der Hand, und das Garn wurde glatt und fein wie ihr Haar. Bald war genug Gespinst zum Weben da, aber nirgends fand sich ein Weberkamm, der für Wassilissas Garn fein genug gewesen wäre; und niemand fand sich, der es sich zugetraut hätte, einen solchen Weberkamm zu schnitzen. Schliesslich fragte Wassilissa ihre Puppe um Rat, und die sagte:
«Bring mir ein altes Weberblatt, ein altes Schiffchen und Rosshaar; ich werde für dich einen Webstuhl bauen.»
Wassilissa brachte alles herbei, was die Puppe wünschte, sie legte sich schlafen, und die Puppe baute in der Nacht den richtigen Webstuhl. Als der Winter vergangen war, war das Linnen gewebt, es war so fein, dass man es statt eines Fadens durch ein Nadelöhr ziehen konnte. Im Frühling kam das Linnen auf die Bleiche, und als es gebleicht war, sagte Wassilissa zu der Alten: «Verkaufe dieses Linnen und behalte das Geld.» Die Alte sah die Linnenrolle und schlug die Hände über dem Kopf zusammen:
«Nein, Kindchen! Nur dem Zaren steht es zu, solches Linnen zu tragen, sonst keinem; ich werde es in den Palast bringen!»

Die Alte kam zum Palast und ging vor den Fenstern auf und ab. Der Zar sah sie und fragte:
«Was wünschst du, Grossmütterchen?»
«Eure kaiserliche Majestät», antwortete die Alte, «ich bringe seltene Ware; niemand ausser dir will ich sie zeigen.»

Der Zar befahl, die Alte vorzulassen, und als er das Linnen sah, war er voller Staunen.
«Was willst du dafür haben?» fragte der Zar.
«Es ist unbezahlbar, Väterchen Zar. Ich bringe es, um es dir zu schenken.»
Der Zar dankte und entliess die Alte mit reichen Geschenken.

Nun sollten aus diesem Linnen für den Zaren Hemden genäht werden. Sie waren zugeschnitten, aber keine Näherin fand sich, die sie nähen konnte. Sie suchten lange, endlich liess der Zar die Alte rufen und sagte:
«Wenn du solches Linnen gesponnen und gewebt hast, musst du auch die Hemden daraus nähen.»
«Nicht ich, Herr, habe dieses Linnen gesponnen und gewebt», sagte die Alte, «es ist das Werk meiner Pflegetochter.»
«Dann soll sie auch die Hemden daraus nähen.»
Die Alte kehrte nach Hause zurück und erzählte Wassilissa, was sich zugetragen hatte.
«Ich wusste», sagte Wassilissa, «dass diese Arbeit für mich bestimmt ist.» Sie schloss sich in ihre Kammer ein und machte sich an die Arbeit; sie nähte ohne Unterlass, und bald war das Dutzend Hemden fertig.

Die Alte trug die Hemden zum Zaren, und Wassilissa wusch sich, kämmte das Haar, kleidete sich an und setzte sich ans Fenster. Sie sass da und wartete, was nun geschehen würde. Da sah sie: In den Hof ritt ein Bote des Zaren. Er kam in die Stube und sagte: «Der Zar und Herrscher will die kunstfertige Näherin sehen, die ihm die Hemden genäht hat, und sie mit eigener Hand belohnen.» Wassilissa ging hin und trat unter die Augen des Zaren. Als der Zar die wunderschöne Wassilissa sah, veliebte er sich in sie über die Massen. «Meine Schöne», sagte er, «ich kann mich nicht mehr von dir trennen; du sollst meine Frau sein.» Dann nahm der Zar Wassilissa bei ihrer weissen Hand und hiess sie sich neben ihn setzen. Bald darauf wurde Hochzeit gefeiert. Als Wassilissas Vater zurückkehrte, freute er sich über das Los seiner Tochter und lebte bis zu seinem Ende bei ihr. Auch die alte Frau holte Wassilissa zu sich, das Püppchen aber trug sie bis zu ihrem letzten Tag bei sich.

Märchen aus Russland[62]

DAS SORGENPÜPPCHEN

Wenn die Mutter im Märchen stirbt, bedeutet dies weniger den physischen Tod, sondern es ist ein Bild dafür, dass die Tochter die Identifikation mit der Mutter auflöst. Das Mädchen geht immer mehr eigene Wege, seine Persönlichkeit entwickelt sich.
Wassilissa erhält von ihrer Mutter ein Püppchen.

Was könnte das Püppchen bedeuten?
- Vertrauen,
- Schutz,
- die Fähigkeit, seiner Intuition zu folgen,
- das Gefühl für sich selbst,
- der Glaube an das Gute.

Wassilissa soll das Püppchen ernähren, und sie gibt ihm jeweils das Wenige, das für sie übriggeblieben ist. Sie kann das nur, weil sie an die Kraft des magischen Püppchens, an ihren Schutzgeist, glaubt.[63]

WER IST DIE BABA JAGA?

Die Baba Jaga verschlingt Menschen. Sie wohnt mitten in einem grossen Wald. Um ihr Haus ist ein Zaun aus Menschenknochen

62 Alexander N. Afanasjew: Russische Volksmärchen, dtv klassik, 1987.

63 Vergleiche dazu die Interpretation von Marie-Louise von Franz: Das Weibliche im Märchen.

und Menschenschädeln. Sie fährt in einem Mörser, den sie mit einem Stössel antreibt, und mit einem Ofenbesen verwischt sie ihre Spur. Sie hat Korn, Kümmel und Mohn, aber auch Wein, Bier, Kwas (Brottrunk) und Met (Honigwein), alles Früchte der Mutter Erde. Die werden vergoren, gemahlen und gepresst; gekocht wird für ein Dutzend Leute, und die Baba Jaga isst alles allein.
Dann gibt es noch drei Reiter:
- den weissen – mein lichter Tag,
- den roten – meine liebe Sonne,
- den schwarzen – meine dunkle Nacht.

Freunde und Diener gehorchen ihr, das Tor sowie die drei Paar Hände. Die Baba Jaga scheint mit allen und allem verbunden zu sein, und sie hat Macht über diese geheimnisvollen Gestalten und Knochen. Sie verschlingt Menschen. Anderseits ist sie hilfreich, denn sie gibt Wassilissa das Feuer mit, welches ihre Unterdrückerinnen (Stiefmutter und Stiefschwestern) vernichtet.

Baba Jaga ist eine Zauberin, die Gestalt einer Natur-Göttin, welche noch beide Aspekte – hell und dunkel – in sich vereinigt. In den Grimmschen Märchen kennen wir nur *Frau Holle*, die ihr ähnlich ist. In anderen Märchen verblasste diese Göttinnen-Figur und wurde mit der Zeit immer mehr zur Hexe.

Die Farben Schwarz, Weiss, Rot kommen in den Märchen oft vor, sie werden drei Göttinnen zugeordnet:

Schwarz:	Dunkle Nacht – Greisin – Winter – Tod
Weiss:	Heller Tag – Mädchen – Frühling – Wiedergeburt
Rot:	Liebe Sonne – Frau – Sommer/Herbst – Leben

Wir können sagen, dass die Baba Jaga die Naturmacht verkörpert – mit der Fülle des Lebens und dem Schrecken des Todes. Die Stiefmutter und ihre Töchter hingegen stehen für Kargheit und Leere.

VOR DEM KNOCHENZAUN

Wann stehen wir vor dem Zaun aus Menschenknochen und Schädeln? Wann erschauern wir – und können nicht zurück?
- Wenn wir am Sterbebett eines geliebten Menschen sind,
- wenn wir erfahren, dass wir oder ein uns naher Mensch unheilbar krank sind,
- wenn wir wissen, dass unser Kind harte Drogen nimmt.

Es sind Begegnungen mit der Macht der Natur, mit dem Leben und mit dem Tod. Solche Erlebnisse sind schicksalhaft, wir suchen sie nicht. Lassen wir uns vom «Püppchen» leiten und schwingen wir mit dem Leben mit, führt uns das Schicksal natürlicherweise vor diesen Zaun. Und wir wissen dann, wie wir uns dort – trotz des Schreckens – verhalten müssen.

DIE NÖTIGE ACHTUNG

Wie nun begegnet Wassilissa in ihrer Angst der Baba Jaga?
Sie verneigt sich und sagt: «Grossmütterchen.» Sie hat den nötigen Respekt, weiss instinktiv, dass die Baba Jaga viel vermag und mächtig ist.
Durch unsere modernen, technischen Möglichkeiten gelingt es uns, einige Begegnungen mit der Baba Jaga zu vermeiden. Durch den Glauben an jede Machbarkeit haben wir verlernt, es vor diesem Zaun auszuhalten und vor dieser Naturmacht Respekt zu empfinden.

DAS GEHEIMNIS

Wassilissa fragt die Baba Jaga nach den Reitern, aber nicht nach den drei Paar Händen, die sie gesehen hat. Gehören sie zu den treuen Dienern – dem hellen Tag, der lieben Sonne, der dunklen Nacht?

Wassilissa weiss instinktiv, wann weiteres Fragen für sie gefährlich wird. Sie hat die nötige Achtung vor dem «Innenreich» der Natur, vor dem Wissen. *Es gibt Grenzen für das Tun des Menschen, und an ihnen herrscht die Natur.*[64]
Hätte Wassilissa auch nach dem «letzten» Geheimnis gefragt, wäre sie verschlungen worden.
Und der Respekt vor dem Geheimnis der Natur kann lebenswichtig sein. Das zu beherzigen, ist in unserer immer mehr entzauberten Welt nicht so einfach.

WIE KOMME ICH ZU EINEM SOLCHEN PÜPPCHEN?

Oft wird gefragt: *Wie komme ich zu einem solchen Püppchen, das mir sagt, was ich tun soll?*
Dafür gibt es keine Anleitung.
Wann können wir die Stimme des Püppchens hören? Achten wir einmal im Alltag darauf, wann wir wie entscheiden, von welchen Stimmen wir uns lenken lassen.
Wir nähren unser Püppchen, wenn wir uns Zeit nehmen und etwas tun, was uns entspannt. Und wenn wir dann darauf achten, was es uns ‹sagt›, wird es uns auch beistehen.

Wenn Schülerinnen und Schüler einer Klasse dieses Märchen immer wieder hören und dazu – im Wald – ein Püppchen schnitzen, lernen sie vielleicht, auf die inneren Stimmen zu horchen.

64 M.L.von Franz: Das Weibliche im Märchen, Seite 169.

… WIE DER MOHN IN DIE WELT KAM

DIE RATTE

Es war einmal ein Heiliger, der sich aus der Welt zurückgezogen hatte und im Dschungel eine kleine Hütte gebaut hatte. Dort meditierte er zwanzig Jahre und schwieg, bis er eines Tages auch die Sprache der Tiere verstehen konnte. Seine einzige Nahrung war, was ihm eine freundliche Ratte brachte, und er fragte auch nicht, warum sie das tat. Und sie seufzte täglich bedeutungsvoll. «Warum klagst du so?» fragte der Heilige eines Tages und sprach damit nach zwanzig Jahren das erste Wort.
«Ach, heiliger Mann», seufzte da die Ratte. «Mein Leben ist nur Angst und Angst. Ständig bin ich in Angst vor dem grössten Feind, der Katze. Du kannst nicht verstehen, wie schrecklich so ein Leben ist. Du bist ein heiliger Mann und wurdest durch deine Askese so mächtig, dass du mich mit einem Wort in ein besseres Wesen verwandeln könntest, doch du denkst ja in deiner Heiligkeit nicht an mein trauriges Los.»

Und so setzte die Ratte dem Heiligen zu, so lange, bis er sie eines Tages wirklich in eine Katze verwandelte. Doch die Ratten-Katze war nicht glücklicher.

«Ach hättest du mich doch nie in eine Katze verwandelt», klagte sie immer wieder. «Nun bin ich in ständiger Furcht vor den Hunden. Aber du, der du mein Rattenleben durchbrochen hast und mich in dieses schreckliche Katzenleben stelltest – warum verwandelst du mich nicht in einen Hund? Du hast ja damit angefangen. Warum gehst du nicht den nächsten Schritt?» So bedrängte ihn die Ratte wieder.

Nun, als die Ratten-Katze ein Hund war, hatte sie vor den Schakalen Angst. Und da der Meister nun schon so weit gegangen war, musste er auch den nächsten Schritt tun. Und der Ratten-Katzen-Hund-Schakal fürchtete sich natürlich vor dem Tiger.

Also wurde eines Tages aus der Ratte ein Tiger. Der fauchte und brüllte fürchterlich, und alle Tiere des Dschungels duckten sich, wann immer sie ihn hörten.

Doch eines Tages kam der Tiger ganz kleinlaut in die Hütte des Heiligen: «Was ist denn nun schon wieder?» fragte der. «Nun kannst du mir doch nicht erzählen, dass du immer noch unter Angst leidest.»
«Natürlich nicht», sagte der Ratten-Tiger. «Und doch ist mein Herz von Gram zerfressen. Ich habe einfach falsch gedacht – ein Tiger ist das Höchste nicht. Gestern sah ich – ich sage dir, mir sträubten sich die Barthaare –, gestern sah ich den Elefanten des Königs. Mit prunkvollen Decken war er geschmückt, ein Anblick wahrlich nicht aus dieser Welt, und er trug eine vergoldete Sänfte mit dem König in all seiner Pracht. Wahrlich, sage ich dir, nie mehr kann ich als Tiger glücklich sein, seit ich dies sah. Du musst mich in einen Elefanten verwandeln.»
Der Heilige war zornig, aber die Ratte hatte recht – da er einmal damit begonnen hatte, ihre Wünsche zu erfüllen, musste er sie nun auch in einen Elefanten verwandeln.
Der Dickhäuter zertrampelte zunächst einmal seine Hütte und lief dann durch den Dschungel davon.

Nach einiger Zeit aber kam er wieder und bat vielmals um Entschuldigung. «Ach», sagte er, «ich habe mir wohl alles falsch vorgestellt. Ich wurde richtig gefangen und an den Hof des Königs gebracht. Dort wurde ich gezähmt – es war schrecklich, aber ich liess alles mit mir machen –, und ich wurde prächtig herausgeputzt. Doch der König wollte mich nicht besteigen, sondern setzte die Königin auf meine Sänfte. Da verzweifelte ich, denn ich erkannte, dass das Höchste wohl doch eine Königin ist. So warf ich meine Sänfte ab, zertrampelte das Tor de-Palastes, und nun bin ich hier. Verwandle mich in ein schönes Mädchen!»
Natürlich wollte der Heilige das nicht tun, und dann tat er es doch. Und als der König in den Dschungel zur Jagd ritt, sass

an einem Baum ein wunderschönes Mädchen. Natürlich fragte er neugierig, wer das schöne Kind sei.
Da klagte und weinte das Mädchen: «O König, ich bin eine Königstochter, die als kleines Mädchen geraubt wurde. So kam ich zu einem Einsiedler hier im Wald, doch der tat nichts für mich. Er hielt mich als Sklavin, er lässt mich nicht einmal aus dem Wald – ach, es ist ein trostloses Leben.»

Ihren Rattencharakter hat die Ratte ja immer beibehalten – sie tat alles, was ihr allein nützt, ohne an andere zu denken. Doch der König verfiel in Liebe zu ihr, nahm sie auf seinem Elefanten aus dem Wald und machte sie zu seiner Lieblingsfrau.

Nun hatte sie alles, was sie sich je hätte erträumen können und noch viel mehr.
Doch eines Nachts schien ein Mondstrahl auf ihr Lager und sagte der Lieblingsfrau des Königs, dass nun das Ende ihrer Rattenzeit gekommen sei. Ängstlich lief sie herum, wie eine Ratte in der Falle. Dann lief sie in den Garten und versuchte, sich vor dem Mondstrahl zu verstecken und ein Loch zu wühlen. Ihre schönen Fingernägel brachen, doch es half nichts. So fand man sie am nächsten Morgen – Erde an den zerkratzten Händen und auf dem schönen, nun kalten Gesicht.

Der König war untröstlich und schickte in seiner Verzweiflung auch nach dem Heiligen um Rat. Der erzählte die ganze Geschichte und sagte: «Werft ihren Leichnam in einen Brunnen und schüttet ihn mit Erde zu. Daraus wird eine Blume wachsen, die Trost, Gift und Segen auf einmal enthält.»
So kam der Mohn in die Welt.

Märchen aus Indien[65]

65 Entnommen aus: Drogensprechstunde, Olaf Koob, Urachhaus Verlag.

PRAKTISCHE HINWEISE ZU DEN EINZELNEN MÄRCHEN

DIE FALSCHE GROSSMUTTER

Dieses Märchen kann schon Kindern ab drei, vier Jahren erzählt werden, also auch in der Spielgruppe.
Ganz beliebt ist im Kindergartenalter das anschliessende freie Rollenspiel, wie es im gleichnamigen Kapitel besprochen wird.
Viele Erwachsene freuen sich ganz besonders über dieses kluge Mädchen. Andere haben Mühe mit den Zähnen und Ohren der Grossmutter, sie beschäftigt zudem das Geschick der verschlungenen Grossmutter. Kinder hingegen reagieren darauf ganz unbekümmert.

FRAU TRUDE

Dieses Märchen sollte nur Kindern erzählt werden, die schon mit Märchen vertraut sind. Eine Mutter erzählte es ihren Kindern, und diese reagierten irritiert: *Aber jetzt erzählst du uns noch ein richtiges Märchen!*
Es eignet sich ab ca. 11 Jahren sehr gut als Einstieg in die Bildsprache des Märchens und in das Thema Sucht.
Für das Rollenspiel eignet sich *Frau Trude* keinesfalls.
Viele Erwachsene reagieren mit heftiger Abwehr, was ich in den Schulklassen nicht erlebt habe. Nadja (13 Jahre) sagte spontan: *Besonders gefiel mir die Geschichte ohne Happy-End. Auch im wirklichen Leben wendet sich nicht alles zum Guten.*

DIE STIEFTOCHTER UND DIE ECHTE TOCHTER

Wegen der rhythmischen Wiederholungen der Fragen und Antworten – was beim Zuhören deutlicher wird als beim Lesen – hören die Kinder sehr gern zu. Dieser Rhythmus beruhigt sie und macht damit den ‹gruseligen› Inhalt erträglicher. Im Gegensatz zu *Frau Trude* wird hier der Dämon von der Heldin überwunden, was zuversichtlich stimmt.

Weil hier die Beziehung zu den Tieren zentral ist, kann es schon kleineren Kindern erzählt werden. Das freie Rollenspiel würde ich nicht anbieten, da die Identifizierung mit diesem Teufel eine Überforderung wäre. Auch als Leiterin (bei Kindern) möchte ich ihn nicht spielen – denn er ist in diesem Märchen eine zu dominierende Figur und immer präsent.

DER TEUFEL UND DIE HUNDERT RABEN

Dieses Märchen eignet sich ganz besonders für die spielerische Umsetzung und Aktualisierung. Anregungen für das Vorgehen und Protokolle der Spiele sind auf Seiten 65ff zu finden.

MELONENTÖCHTERCHEN

Ich habe diese Geschichte noch nie kleinen Kindern erzählt, obwohl sie Märchen, die mit einer magischen Geburt beginnen, ganz besonders lieben. Dennoch ist dieses Märchen typisch für die Zeit der Pubertät.
Eine spielerische Umsetzung ist vor allem mit Jugendlichen oder/und Eltern interessant.

DER SCHMETTERLINGSMANN

Dieses Märchen wird gerne von Jugendlichen und Erwachsenen gehört und eignet sich gut als Einstieg für Diskussionen mit Jugendlichen: Wann und durch wen/wodurch werden wir verführt? Erwachsene stimmt es verträumt und gleichzeitig nachdenklich. Diese Geschichte hilft bei der Bewusstwerdung der eigenen Schwächen: Wodurch lasse ich mich immer wieder vom Wesentlichen ablenken?

DER ALTE UND DIE KATZE IM BAUM

Weil der Gedicht-Rhythmus eindrücklich ist, übertrug ich dieses Märchen nicht in Mundart und lese es ausnahmsweise vor. Durch seine Bilder wirkt es bedrückend und schwerer als seine Varianten, wie z.B. *Der Fischer un syne Fru*. Es bewegt die Gemüter stark. Nach der Erzählung kommen im wechselseitigen Austausch das Alter und der Tod zur Sprache.
Für Kinder scheint es mir nicht geeignet.

DIE VERWÜNSCHTE KÖNIGSTOCHTER

Diese Geschichte eignet sich besonders für Menschen, die sich in einer destruktiven Abhängigkeit, einer «Berggeistabhängigkeit» befinden und sich davon befreien wollen. Es kann Impuls sein für ein klärendes Gespräch in der Familie, mit Betreuern. Über diese Märchenbilder finden wir oft einen leichteren Zugang zu unseren Gefühlen.
Für das Rollenspiel eignet sich dieses Märchen nicht, sondern nur für die spielerische Umsetzung.
Ich selber habe es noch nie kleinen Kindern erzählt, aber als ich in einer Kindergruppe fragte: *Welches Märchen wollt ihr gerne spielen?* sagte ein sechsjähriges Mädchen: *Das vom Berggeist und der Prinzessin*. Es hatte das Märchen von seiner Mutter gehört, und es hatte ihm sehr gefallen.
Ich erzählte aber ein anderes Märchen.

DIE GOLDKINDER

In der therapeutischen Wohngemeinschaft wollte ich, nach den zum Teil sehr aufwühlenden Geschichten, mit einem Märchen abschliessen, das eine beruhigende Stimmung hinterlässt und das zudem auf die Lebenssituation der Zuhörenden eingeht.
Diese Geschichte ist bei Kindern und Erwachsenen gleichermassen

beliebt, und die Stimmung danach ist immer sehr ruhig und friedvoll. Auch die Zuhörerinnen und Zuhörer der therapeutischen Wohngemeinschaft fühlten sich nach diesem Märchen bestätigt und zuversichtlich.
Für das freie Rollenspiel mit Kindern eignet es sich gut, die spielerische Umsetzung und auch der Austausch mit Erwachsenen sind jeweils sehr intensiv.

DIE WUNDERSCHÖNE WASSILISSA

Die Geschichte von der wunderschönen Wassilissa ist sozusagen die Krönung der angeführten Märchen.
Es spricht kleine Kinder und Erwachsene gleichermassen an. Die Zuhörenden sind danach zufrieden, die einen mehr nachdenklich, die anderen tief erfüllt und gestärkt – aber auch ein wenig wehmütig.
Die Frage ist: *Wie komme ich zu meinem Püppchen?*
Es eignet sich zum Malen, zum *Schnitzen eines Püppchens*, für das freie Rollenspiel und die spielerische Umsetzung sehr gut. Es sollte nach Möglichkeit im Wald erzählt werden.

LITERATURVERZEICHNIS

LITERATUR

Aeppli Ernst: Der Traum und seine Deutung. Eugen Rentsch Verlag, Erlenbach, Zürich 1967.

Anderten Karin: Umgang mit Schicksalsmächten. Walter Verlag, Olten 1989.

Bächtold-Stäubli Hans Hrsg.: Handwörterbuch des deutschen Aberglaubens. Walter de Gruyter, Berlin, New York 1987.

Betz Felicitas: Das Märchen als Schlüssel zur Welt. Verlag Ernst Kaufmann, Lahr 1979.

Betz Felicitas: Heilbringer im Märchen. Einübung in schauendes Denken. Kösel Verlag, München 1989.

Buchmann Evelyne: Mein Sohn – ein Fixer. Erlebnisbericht einer frustrierten Drogen-Mutter. Enzo, Gümligen 1992.

Birkhäuser-Oeri Sibylle: Die Mutter im Märchen. Bonz Verlag, Fellbach 1976.

Campbell Joseph: Der Heros in tausend Gestalten. Suhrkamp tb 424, 1978.

Campbell Joseph: Der Flug der Wildgans. Sphinx Medien Verlag, Basel 1990.

Derungs Kurt: Struktur des Zaubermärchens I. Verlag Paul Haupt, Bern, Stuttgart, Wien 1994.

Derungs Kurt: Struktur des Zaubermärchens II. Verlag Olms-Weidmann, Hildesheim, Zürich, New York 1994.

Fromm Erich: Märchen, Mythen, Träume. rororo TB 7448, 1983.

Früh Sigrid/Wehse Rainer Hrsg.: Die Frau im Märchen. Erich Röth Verlag, Kassel 1985.

Gehrts Heino / G.Lademann-Priemer Hrsg.: Schamanentum und Zaubermärchen. Erich Röth Verlag, Kassel 1986.

Glogner B. und Zöllner W.: Teufelsglaube und Hexenwahn. Buchclub Ex Libris, Zürich 1985.

Heindrichs Ursula / H.A.Heindrichs / U.Kammerhofer Hrsg.: Tod und Wandel im Märchen. Erich Röth Verlag, Regensburg 1991.

Herzka Heinz Stefan: Die neue Kindheit. Schwabe Verlag, Basel 1989.

Hilty Elisa: Einäuglein, Zweiäuglein, Dreiäuglein, Wege zum Märchen. Zytglogge Verlag, Bern 1988.

Hofmann Albert: LSD – mein Sorgenkind. dtv 30357, 1995.

Horn Katalin: Der aktive und der passive Märchenheld. Hrsg. Schweiz. Gesellschaft für Volkskunde, Basel 1983.

Huxley Aldous: Die Pforten der Wahrnehmung, Himmel und Hölle. Erfahrungen mit Drogen. Serie Piper, München, Zürich 1991.

Jacoby Mario: Das Böse im Märchen. Mit Aufsätzen von V. Kast und I. Riedel. Bonz Verlag, Fellbach 1978.

Jacoby Mario: Sehnsucht nach dem Paradies. Bonz Verlag, Fellbach 1980.

Koob Olaf: Drogensprechstunde. Ein pädagogischer Ratgeber. Urachhaus Verlag, 1990.

Lüthi Max: So leben sie noch heute. Betrachtungen zu Volksmärchen. Kleine Vandenhoeck-Reihe 1976.

Lüthi Max: Das Europäische Volksmärchen. UTB Francke Verlag, München 1981.

Lüthi Max: Märchen. Sammlung Metzler Bd.16, 1979.

Lüthi Max: Das Volksmärchen als Dichtung. Ästhetik und Antropologie. Diederichs Verlag, Köln 1975.

Maas Hermann: Der Seelenwolf. Das Böse wandelt sich in positive Kraft. Walter Verlag, Olten 1984.

Neumann Erich: Das Kind. Struktur und Dynamik der werdenden Persönlichkeit. Bonz Verlag, Fellbach 1980.

Neumann Erich: Die Grosse Mutter. Walter-Verlag, Olten 1985.

Nola di Alfonso: Der Teufel. Wesen, Wirkung, Geschichte. Diederichs Verlag, München 1990.

Piaget Jean: Das Weltbild des Kindes. Klett-Cotta im Ullstein Taschenbuch 1981.

Piaget Jean, Inhelder Bärbel: Die Psychologie des Kindes. dtv/ Klett-Cotta tb 15021, 1986.

Postman Neil: Das Verschwinden der Kindheit. S.Fischer Verlag, Frankfurt am Main 1983.

Propp Vladimir: Die historischen Wurzeln des Zaubermärchens. Hanser Verlag, München 1987.

Rosenberg Alfons: Einführung in das Symbolverständnis. Ursymbole und ihre Wandlungen. Herderbücherei, Breisgau 1984.

Scherf Walter: Lexikon des Zaubermärchens. Kröner Verlag, Stuttgart 1982.

Scherf Walter: Die Herausforderung des Dämons. Form und Funktion grausiger Kindermärchen. K.G. Saur, München 1987.

Scherf Walter: Die Hexe im Zaubermärchen, Aufsatz in Hexenwelten, Hrsg. Richard van Dülmen. Fischer TB 4375, 1987.

Schnyder Marco: Drogenfeuer. Erinnerungen an den Platzspitz. Zytglogge Verlag, Bern 1992.

Stamm Hugo: VPM, Die Seelenfalle. Werd Verlag, Zürich 1993.

Tietze G. Henry: Imagination und Symboldeutung. Wie innere Bilder heilen und vorbeugen helfen. Knaur TB 4136, 1986.

Ulrich Michaela/Pamela Oberhuemer Hrsg.: Es war einmal, es war keinmal ... Ein multikulturelles Lese- und Arbeitsbuch. Beltz Praxis, Weinheim und Basel 1985.

von Beit Hedwig: Symbolik des Märchens, Bd.I. Gegensatz und Erneuerung im Märchen.
Bd.II. Registerband. A. Francke Verlag, Bern 1981.

von Franz Marie-Louise: Das Weibliche im Märchen. Bonz Verlag, Stuttgart 1977.

von Franz Marie-Louise: Der Schatten und das Böse im Märchen. Kösel Verlag, München 1985.

von Franz Marie-Louise: Erlösungsmotive im Märchen. Kösel Verlag, München 1986.

von Franz Marie-Louise: Psychologische Märcheninterpretation. Eine Einführung. Knaur TB Sachbuch Nr. 4022, 1989.

von Franz Marie-Louise: Spiegelungen der Seele. Kösel Verlag, München 1988.

Wichmann Stefan: Wirtschaftsmacht Rauschgift. Wirtschaft Fischer TB 10978, 1992.

Wittmann Ulla: Ich Narr vergass die Zauberdinge. Märchen als Lebenshilfe für Erwachsene. Ansata Verlag, Interlaken 1985.

Woodmann Marion: Heilung und Erfüllung durch die Grosse Mutter. Ansata Verlag, Interlaken 1987.

Zoja Luigi: Sehnsucht nach Wiedergeburt. Ein neues Verständnis der Drogensucht. Daimon Verlag AG, Einsiedeln 1994.

MÄRCHENSAMMLUNGEN

Afanasjew Alexander N.: Russische Volksmärchen. dtv klassik, Bd.1 und Bd.2 Nr. 5931. München 1985.

Fiabe siciliane – Sizilianische Märchen. dtv zweisprachig, 1980.

Früh Sigrid Hrsg.: Märchen von Hexen und weisen Frauen. Fischer TB 1868, 1986.

Früh Sigrid Hrsg.: Das Zauberpferd. Märchen aus Siebenbürgen und den Karpaten. Fischer TB 2856, 1984.

Früh Sigrid Hrsg.: Märchen von Schwanenfrauen und verzauberten Jünglingen. Fischer TB 2878, 1988.

Grimms Märchen. Band I, Band II. Manesse Verlag, Zürich 1987.

Hammitzsch Horst Hrsg.: Japanische Volksmärchen. Diederichs Verlag, Köln 1964.

Hetmann Frederik Hrsg.: Indianische Märchen. Herbig Verlagsbuchhandlung, München 1977.

Hetmann Frederik Hrsg.: Indianermärchen aus Nordamerika. Fischer TB 10204, 1992.

Karlinger Felix Hrsg.: Italienische Volksmärchen. Diederichs, Köln 1973.

Ören Aras: Alte Märchen neu erzählt. Deutsch-Türkisch. Ararat Verlag, Berlin 1982.

Rölleke Heinz: Der wahre Butt. Die wundersamen Wandlungen des Märchens vom Fischer und seiner Frau. Diederichs, Köln 1978.

von der Leyen Friedrich Hrsg.: Lettisch-litauische Volksmärchen. Diederichs, Jena 1924.

Waldmann Richard Hrsg.: Die Schweiz in ihren Märchen und Sennengeschichten. Diederichs Verlag, Köln 1983.

Zaunert Paul Hrsg.: Deutsche Märchen seit Grimm. Diederichs Verlag, Köln 1964.

BIOGRAPHIE

Elisa Hilty wurde 1948 in St. Gallen (Schweiz) geboren. Aufgewachsen in einem Elternhaus, in dem der Umgang mit Literatur alltäglich war, ist die spätere Autorin mit einem ausserordentlich reichen Märchenschatz in Berührung gekommen. Nach der Schulzeit am Gymnasium und der Ausbildung an der Kunstgewerbeschule Zürich übte sie verschiedene Berufe aus. In ihrem späteren Beruf als Sozialpädagogin für geistig behinderte Kinder erzählte sie einmal an einer Veranstaltung Märchen. Dabei wurde sie von einer anwesenden Mutter gefragt, ob man Kindern auch die sog. grausamen Märchen erzählen dürfe. Diese Fragen veranlasste Elisa Hilty, sich eingehend mit dem psychologischen Hintergrund der Märchen zu beschäftigen. Daraus erwuchs ein zunehmendes Interesse an der Symbolsprache der Märchen, und die Autorin begann, sich im Selbststudium, über Kurse am C. G. Jung Institut, Seminare der Waldorf-Pädagogik und der Teilnahme am Europäischen Märchenkongress, weiterzubilden.

Ihren ersten Kurs als selbständige Märchenerzählerin konnte Elisa Hilty 1984 anbieten. Es folgten die ersten Anfragen für Vorträge, für Weiterbildung am Kindergärtnerinnenseminar …

Im Laufe ihrer weiteren Tätigkeit als Märchenpädagogin entstand bei Elisa Hilty zunehmend das Bedürfnis, Märchen auch mit Erwachsenen spielerisch zu vertiefen, und sie begann eine Ausbildung zur Psychodramaleiterin (Abschluss 1996).

Seit 1992 bietet die Autorin mit dem Kurs f a v o l a eine Ausbildung zur Märchenerzählerin, zum Märchenerzähler an.

Als freie Mitarbeiterin bei den CH-Waldwochen (Waldpädagogik) ist sie ausserdem Mitleiterin bei der Weiterbildung für Lehrkräfte und der Gestaltung der Familienferienwochen «Im Zauberwald».

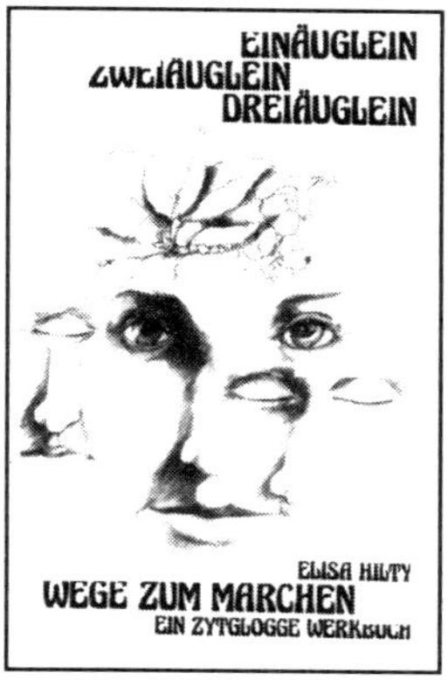

ELISA HILTY «EINÄUGLEIN ZWEIÄUGLEIN DREIÄUGLEIN»

WEGE ZUM MÄRCHEN

«Märchen sind Verbindungen zu unserem Ursprung. Elisa Hilty führt die LeserInnen ein in die Welt der Märchen, «... wo hell und dunkel, Sterben und Werden, Geben und Nehmen keine Gegensätze mehr sind, sondern Ganzheiten, Rhythmus des Lebensflusses.»
Sie leitet an, wie wir ein Märchen lesen und erzählen sollen, damit wir seine Bilder sehen und die Botschaft verstehen können. Theorien von MärchenforscherInnen belegt sie mit Beispielen (diesseitige, jenseitige Welt, Polaritäten, gut und böse, männlich und weiblich).
Märchenfiguren spiegeln die Entwicklungsprozesse der Menschen. Sie zu verstehen, heisst sich selber besser zu verstehen.»

Christa Zopfi, LehrerInnen-Magazin

«Elisa Hilty legt eine behutsame Märchenphänomenologie vor, mit einfachen Deutungen, oft in katechetischer Form, mit eingängigen Tabellen, Listen, photographischen Aufnahmen und schönen Zeichnungen von Paul Mangen. Ihr Buch will nicht belehren und bekehren, sondern Impulse für das Märchenerzählen und das symbolische Märchenverständnis geben.
Anhand ihrer Protokolle stellt die Verfasserin fest, dass beim kindlichen Rollenspiel das Märchen als Identifikationsmodell vornehmlich kompensatorische und harmonisierende Funktion besitzt.
Elisa Hilty betont die Wichtigkeit der Phantasie bei der Suche des Menschen nach Handlungsmöglichkeiten: Dank ihrer überlieferten Weisheit vermögen Märchen Lebenshilfe zu leisten.» *Katalin Horn, NZZ*